CD付き

この1冊でみんな

0~
劇あそび
おまかせブック

浅野ななみ／著

ナツメ社

も く じ

この1冊で
バッチリだね

ＣＤ収録曲リスト

脚本	CD Track	曲名	演奏時間
ポンポコ山のたぬきさん	1	効果音　ポンポコの音	0:22
	2	歌　ポンポコ山のたぬきさん	0:25
	3	効果音　キラキラの音	0:08
星の子ピカリン	4	効果音　小鳥の鳴き声	0:25
	5	効果音　飛行機の音	0:24
	6	歌　星の子ピカリンの歌	0:32
みんなであそぼうワンニャンチュウ	7	BGM　グーチョキパーで何つくろう	0:48
	8	歌　みんなであそぼうワンニャンチュウ（1.2番）	0:48
	9	効果音　汽車の音	0:24
たまごの中から	10	効果音　ピヨピヨの音	0:21
	11	歌　たまごの歌（1.2.3番）	0:50
ウサギとカメの運動会	12	歌　ウサギとカメの運動会	0:36
	13	BGM　ウサギとカメ	1:39
	14	BGM　野菜登場の音楽	0:37
	15	歌　ゴシゴシキュキュの歌（にんじん）	0:25
	16	歌　チャップンお風呂の歌（にんじん）	0:30
チャップン野菜のお風呂	17	歌　ゴシゴシキュキュの歌（だいこん）	0:25
	18	歌　チャップンお風呂の歌（だいこん）	0:30
	19	歌　ゴシゴシキュキュの歌（ごぼう）	0:25
	20	歌　チャップンお風呂の歌（ごぼう）	0:31
	21	歌　チャップンお風呂の歌（全員）	0:35
	22	歌　にこにこパンの歌	0:33
まてまて にこにこパン	23	効果音　転がる音	0:31
	24	BGM　動物が登場する音楽	0:40
浦島太郎	25	歌　浦島太郎（1番）	0:31
	26	歌　竜宮城の歌	0:39
	27	歌　浦島太郎（2番）	0:31
	28	BGM　行進の音楽	0:33
おだんご ころころ	29	歌　おだんごまつりの歌（1番）	0:32
	30	歌　まねするなの歌	0:42
	31	歌　おだんごまつりの歌（2番）	0:49
	32	歌　豆の歌（1番）	0:31
	33	歌　大男の歌	0:24
ジャックとふしぎな豆の木	34	BGM　たまごを産む音楽	0:13
	35	BGM　追いかける音楽	0:34
	36	歌　豆の歌（2番）	0:31
	37	BGM　豆の歌（フィナーレ）	0:31
ネズミのよめいり	38	歌　世界で一番強い人	0:28
	39	歌　おめでとうの歌	0:38
アリとキリギリス	40	歌　元気を出してはたらこう	0:27
	41	歌　トンネルくぐって	0:35
	42	効果音　風の音	0:40
	43	効果音　ぐるぐる音	0:25
ヘンゼルとグレーテルとなぞなぞ魔法使い	44	歌　なぞなぞソング（1番）	0:26
	45	歌　なぞなぞソング（2番）	0:25
	46	歌　なかよしになる言葉	0:38
	47	歌　宝の山の歌	0:36
アリババと宝の山	48	効果音　扉が開く音	0:13
	49	効果音　魔法がとける音	0:28
	50	歌　みんなでおどりましょうの歌	0:55
	51	BGM　何かなの音楽	0:33
ありがとう！ かさ地蔵さま	52	歌　かえってくるよの歌	0:34
	53	歌　お地蔵さまの歌	0:40
	54	歌　しあわせくるくるの歌	0:49
アリババと宝の山	55	カラオケ　宝の山の歌	0:37
	56	カラオケ　みんなでおどりましょうの歌	0:56
	57	カラオケ　かえってくるよの歌	0:34
ありがとう！ かさ地蔵さま	58	カラオケ　お地蔵さまの歌	0:40
	59	カラオケ　しあわせくるくるの歌	0:50

カンタン かわいい
衣装カタログ

劇のイメージを広げ、子どもも着ると楽しくなる衣装。「難しそう」なんて思っていませんか？
本書で紹介する衣装は、基本の形5つからどれもかんたんに作れます。
色選びや装飾などは子どもの意見も取り入れながら楽しく作っていきましょう。

0-1歳児

ポンポコ山の たぬきさん

| 脚本 | P36-41 |
| 作り方 | P189 |

Point
顔が見えるように、
カラー帽子はつばを
後ろにしてかぶります。

Point
トレードマークの
おなかは白いポリ袋で。

たぬき

0-1歳児

星の子ピカリン

| 脚本 | P42-47 |
| 作り方 | P189 |

飛行帽
バージョン

Point

三角帽子は、
頭の大きさに
合わせて。

星の子

Point

空の精を
イメージした
不織布ベストは、
着脱も簡単。

Point

脱げないように
後ろ開きの衣装。
袖のフリルがアクセント。

ナレーター

みんなであそぼう ワンニャンチュウ

| 脚本 | P48-55 |
| 作り方 | P190 |

Point

額にかからないよう、
お面は半月型に。

Point

色違いの横開きのベスト。
胸の飾り切りで
違いを出します。

ネコ

イヌ

ネズミ

1-2歳児

たまごの中から

| 脚本 | P56-61 |
| 作り方 | P190 |

Point

カラー帽子のてっぺんには、
スズランテープの
ポンポンを。

Point

かぶるだけのマント型。
とさかカチューシャで
ニワトリらしさUP。

ニワトリ

ヒヨコ

Point

水玉模様と
すその波型で、ヒヨコの
可愛らしさを表現。

2-3歳児
ウサギと カメの運動会

脚本 P62-69
作り方 P191

Point
すっぽりかぶる
マント型、
ボリュームがあり
舞台映えします。

Point
長い耳が
ポイント。

ナレーター

後ろ姿

Point
背中には
キラキラテープの
りっぱなこうら。

ウサギ

カメ

チャップン 野菜のお風呂

脚本 P70-83
作り方 P191

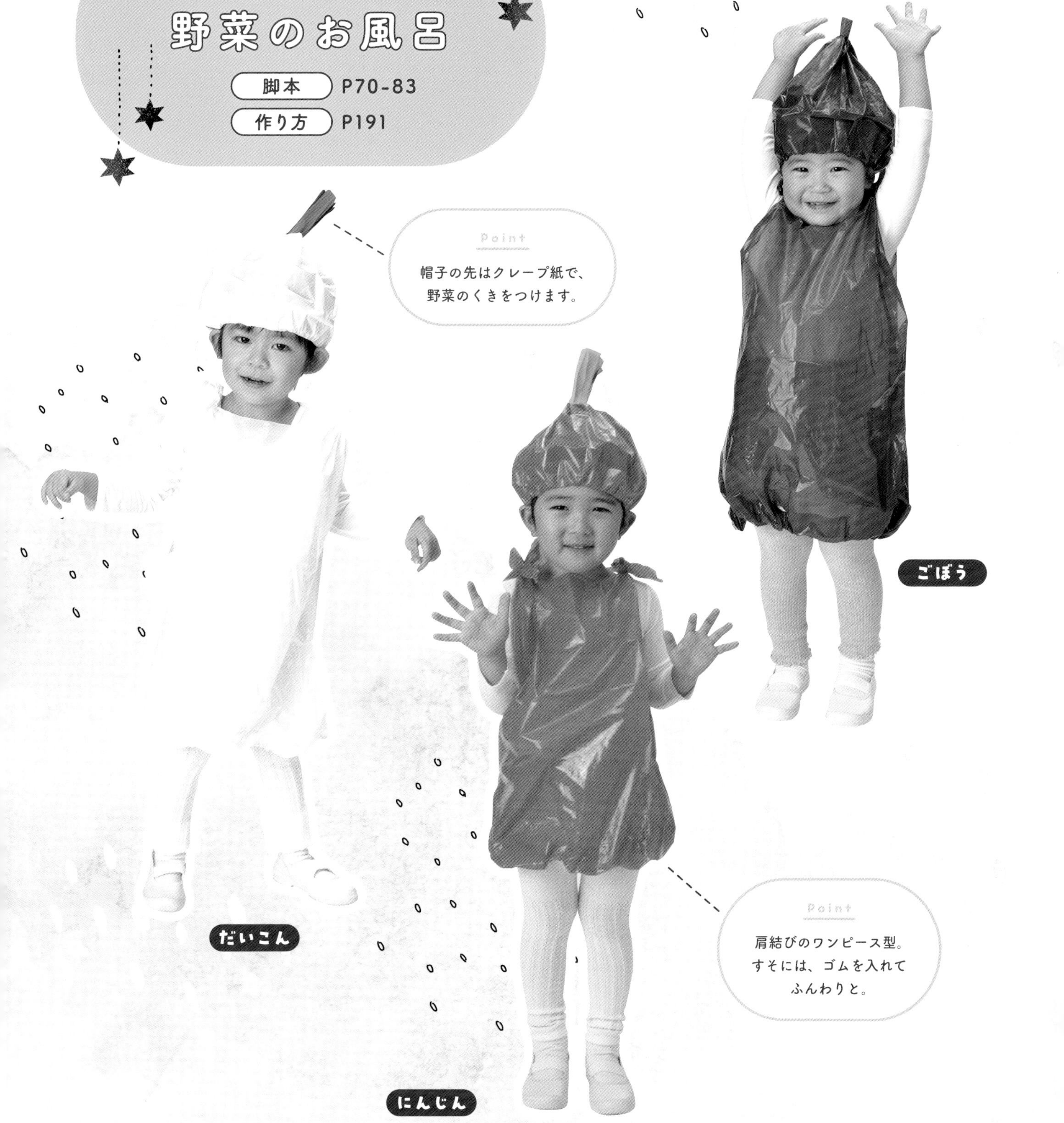

Point
帽子の先はクレープ紙で、
野菜のくきをつけます。

ごぼう

だいこん

Point
肩結びのワンピース型。
すそには、ゴムを入れて
ふんわりと。

にんじん

2-3歳児

まてまて
にこにこパン

| 脚本 | P84-93 |
| 作り方 | P192 |

にこにこパン

パン屋さん

Point
トレードマークの帽子は、
画用紙にカラーポリ袋を
つけてふんわりと。

Point
ネクタイをつけて
シェフらしさを。

Point
服の上下にゴムを
入れて、
可愛いバルーン型に。

ネズミ

Point

不織布の前開きベストは、
星の模様がアクセント。

Point

お面のベルトは頭の
大きさに合わせます。

コブタ

アヒル

浦島太郎

| 脚本 | P94-101 |
| 作り方 | P193-194 |

Point

ふんわりした着物と
チュール、かつらで
おと姫らしさを。

カメ

後ろ姿

Point

横開きのベストに、
立体的なこうらを
つけて。

おと姫

Point

クレープ紙の白髪で、
最後はおじいさんに変身。

玉手箱

浦島太郎

Point

玉手箱は、赤いひもと
キラキラテープでゴージャス
に仕上げましょう。

魚

\ 後ろ姿 /

Point

腰みのは、2色の
ヒラヒラで表現します。

Point

うろこ形の模様や、
後ろの背びれで魚を演出。

3-4歳児

おだんご ころころ

| 脚本 | P102-113 |
| 作り方 | P194-195 |

小僧

和尚

Point

黒衣と絡子(らくす)が
ポイント。キラキラテープで
威厳を出します。

Point

スカートのようなものは、
腰衣(こしごろも)。
カラーポリ袋を
ひだ寄せして作ります。

14

村人 B

Point

特徴的な帽子は、
不織布で演出。
少し曲げてかぶります。

Point

後ろ開きの着物なので、
ずれません。

庄屋

村人 A

ジャックと ふしぎな豆の木

| 脚本 | P114-125 |
| 作り方 | P195-196 |

お母さん

ジャック

ニワトリ

白いワンピースのそでは
波形に切って羽の雰囲気を。

Point
クレープ紙の帽子、
てっぺんには
芽をつけます。

Point
ポケットからたまごを
取り出します

大男

Point
スズランテープで作った
モサモサのかつらと、
ペーパー芯の腕輪で
強さを演出。

Point
肩結びのワンピース、
すそにはゴムを入れて
ふんわりと。

豆の木

17

4-5歳児

ネズミのよめいり

| 脚本 | P126-137 |
| 作り方 | P197-198 |

お母さん

Point

着物に前かけを
プラスしてお母さんの
イメージに。

ナレーター

Point

えりの2色のカラーテープは、
着物らしさをより演出。
色違いで作ります。

Point

着物に花柄模様、
帯には花形を貼って
可愛らしさを。

チュー子

Point

はっきりした縦じま
模様で、元気な印象に。
すそも短めに。

お父さん

チュー太

Point

お母さんネズミと色柄違い。
すそとえり・袖にカラーテープ
でポイントを。

雲

Point

衣装の真ん中と
冠にあしらった白い
お花紙で雲らしさを。

風

おひさま

Point

ギザギザに切った
赤と金色の組み合わせで
光のイメージを。

Point

動くたびに揺れる
スズランテープで
風を表現します。

アリと キリギリス

| 脚本 | P138-149 |
| 作り方 | P199-200 |

Point

葉っぱの形の飾りで
森の妖精のイメージに。
肩にもあしらいを。

ナレーター

Point

大きなリボンが
アクセント。

ハチ

Point

アルミホイルの
触角でハチを表現。

Point

発泡シートのふちに、
飾りを貼ると
輪郭がはっきりします。

キリギリス

後ろ姿

Point

横開きの長めのベスト。
ひらりと揺れる羽が
印象的です。

22

Point

触角はモールで
表現。

チョウ

Point

発泡シートで作った羽が
チョウらしさを演出。

Point

触角は他の虫との
違いが出るように
作ります。

アリ

Point

胸・腰・すその3か所に
ゴムを通して、ふんわりと
するように仕上げます。

ヘンゼルとグレーテルと
なぞなぞ魔法使い

| 脚本 | P150-161 |
| 作り方 | P201 |

ヘンゼル

グレーテル

Point

横開きのベスト。
カラーテープのクロスが
印象的です。

Point

お花紙で作った冠で
愛らしさを演出。ベストは、
ヘンゼルと色違いで。

Point

手首の飾りと
三角帽子がポイント。
紫で魔法使いらしさを。

お菓子

Point

上下にゴムを通した
キャンディー型の衣装。
「子ども」への衣装変えも
簡単です。

魔法使い

Point

「お菓子」から
この衣装に早変わり。
ベストと半ズボンで軽快に。

子ども

アリババと宝の山

| 脚本 | P162-175 |
| 作り方 | P202-203 |

Point
帽子型のお面なので
かぶりやすい。

オウム

Point
羽の飾りで華やかに。

アリババ

Point
そで口がふんわりと
広がるように
仕上げます。

Point
前開きのベストと
太めパンツで
アラビアンな雰囲気に。

上はビキニタイプの衣装。
キラキラ素材で
ゴージャスに。

太めのベルトは
ざっくり結ぶと
雰囲気が出ます。

庶人

ナレーター

長いベストとすその
広がったズボンが特徴的。
ゴールドやシルバーを
きかせて。

27

村人

Point

とんがった形の
ベストがポイント。
冠をかぶって物語の
雰囲気を出します。

Point

冠にはチュールを
つけて。

村娘

Point

段々のふんわりスカートと
リボンつきのチューブトップ。

28

5歳児

ありがとう！かさ地蔵さま

| 脚本 | P176-187 |
| 作り方 | P204 |

おばあさん

おじいさん

Point

おじいさんと色違い。
つぎはぎは
不織布テープで。

Point

不織布の着物と
手ぬぐいのかぶりもので、
昔話の雰囲気を。

\ 後ろ姿 /

Point

必需品のかごは
クラフト紙の紙袋で
作ります。

ウサギ

Point

ウサギと色違い。
大きなしっぽは輪にした
ゴムでつけます。

Point

トレードマークのかさは、
工作用紙で。

キツネ

Point

胸のひし形の
スズランテープが
ポイントです。

Point

赤い前かけをつけた
お地蔵さま。
キラキラテープで
高貴さや石の質感を表現。

お地蔵さま

劇あそびのすすめ

0~2歳児の劇あそび

日々の保育の中で、絵本やお話のおもしろさ、リズミカルな動きの楽しさを充分体験しましょう。発達と共に「パチパチ拍手」「バイバイ」「お返事ハーイ」など、できる動作が広がっていきます。こうした動きを取り入れながら、子どもたちの成長が伝わる演目を選ぶとよいでしょう。当日舞台に上がると子どもたちの動きが止まってしまうことも、この年齢ならあり得ること。保護者の方には日ごろ、活動を楽しんでいる様子を丁寧に伝えておくといいですね。

3~5歳児の劇あそび

日ごろから絵本やお話を楽しむ機会をつくり、保育者が演じる劇や人形劇を見るなど、子どもたちの想像力を刺激する活動を広げていきましょう。お話の中の喜怒哀楽に興味をもったり、共感したりすることで感性が育まれます。子どもたちの興味や、育てたい力を考えながら、親しみやすく、わかりやすいストーリーを選び、言いやすいセリフ、無理のない動きを子どもたちと相談しながら工夫し、全員が主役になる楽しい劇あそびを目指しましょう。

子どもは1歳前後から、玩具を食べ物に見立てて、食べているつもりの動作をします。
このような物や状況のイメージを広げながらのあそびは、成長と共に想像力が培われ、やがて役割をもったごっこあそび、さらにお話の世界を共有する劇あそびへと発展していきます。
劇あそびは、子どもたちの成長に欠かせない想像力を羽ばたかせるチャンスです。
劇あそびで培った力が次の成長のエネルギーになるように、笑顔あふれる活動に広げましょう。

浅野ななみ

＼ 劇あそびで育つ力 ／

keyword
1
お話の世界を
楽しむ
想像力

keyword
2
言葉や
動きによる
表現力

keyword
3
友だちと協力して
やり遂げる
達成感

keyword
4
観客の拍手や
励ましによる
自信

劇あそびは
この1冊で
OK!

本書の特色

1
対象年齢に合わせた脚本 15本掲載
歌を使用した脚本を4本、お話を11本紹介しています。

2
配役と人数の目安が ひと目でわかる
子どもたちの希望を取り入れつつ、人数を調整しましょう。

3
小道具や背景の 作り方をイラストで紹介
小道具も盛り上げるために重要です。できるところは子どもといっしょに。

4
劇のあらすじを まとめているので、 選びやすい
あらすじを読んで、全体のイメージをつかんでください。

5
劇あそびから子どもの育ちを解説 指導計画にも使える
劇あそびの際には、ここをヒントに指導計画に記入しましょう。

6
登場人物の衣装は カラーページで紹介 お面などは型紙つき
配役の衣装は、子どもの身長などを考慮して作ります。

7
歌・BGM・効果音はCDに収録 すぐに使えます

使用する音源は、すべてCDに収録。ピアノが苦手でも大丈夫です。

8
子どもの動きや位置が わかりやすい舞台図つき

場面の立ち位置や動きは図で示しています。客席から見やすいようにします。

9
楽譜は、伴奏譜つきなので ピアノ演奏がすぐにできる

弾きやすい伴奏譜をのせました。本番までに練習しましょう。

10
子どもが演じやすい脚本 余白には書き込みもできる

脚本には余白があります。せりふをアレンジするなどどんどん書き込んでください。

11
衣装の作り方は、 イラストでわかりやすく掲載

衣装には寸法も掲載しています。作る際の目安してください。

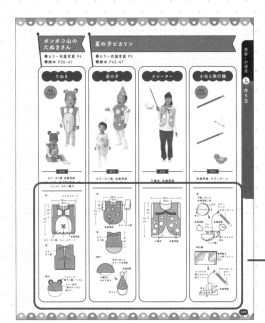

よーし！やってみよう

劇あそびの進め方

題材決めから本番までどう進めていけばよいのか、このマンガで早わかり！
子どもが楽しめる劇あそびをしていきましょう。

歌「げんこつ山のたぬきさん」を使って

ポンポコ山のたぬきさん

上演時間：5〜8分

📖 脚本のあらすじ

ポンポコ山のたぬきさんが、元気に勢ぞろいしました。一人ひとりの名前を呼ぶと、元気な声で返事をします。歌に合わせておなかをたたきながら、みんなで「いないいないばあ」であそびます。

ここがおもしろい

★ リズミカルな音楽で、保護者もいっしょに子どもと手あそびを楽しめます。

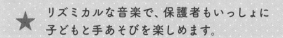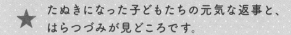

★ たぬきになった子どもたちの元気な返事と、はらつづみが見どころです。

♡ この劇あそびから経験してほしいこと

\はーい/

自分の名前を
呼ばれたことがわかり、
返事をする。

\いない
いない/　\ばー/

音楽に合わせて
「いないいないばあー」を
楽しむ。

保護者といっしょに
演じることを
楽しむ。

登場人物

人数の目安

ナレーター（保育者）‥‥‥‥‥‥ 👤 1人

たぬき ‥‥‥‥‥‥‥‥‥‥‥‥‥ 👤👤👤👤 子ども全員（保護者もいっしょに出演）

（マイク係　保育者1人）

たぬき

\ **配役のポイント** /

★ ナレーター役の保育者は、子どもの顔を見ながら語りかけましょう。

★ かぶりものや衣装などは、事前に着て慣れておきましょう。

✂ **準備するもの**

★ **登場人物の衣装**

　　衣装写真‥‥‥‥‥ P4
　　作り方‥‥‥‥‥ P189

★ **イス**

★ **山**

材料：段ボール、色画用紙、クラフトテープ
丸く切った画用紙に子どもの手形を写したもの

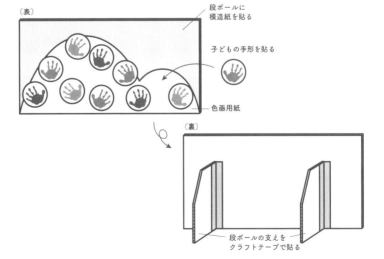

（表）
段ボールに模造紙を貼る
子どもの手形を貼る
色画用紙

（裏）
段ボールの支えをクラフトテープで貼る

幕は閉まっている。舞台後方に子どもの手形をつけた
山を設置しておく。

ナレーター　「ここはポンポコ山です。
おや？　何か音が聞こえますよ。何でしょう」

◎ CD 1

効果音 ♫「ポンポコの音」

幕が開くとたぬきたちがイスに座っている。

ナレーター　「ポンポコ山の元気なたぬきさんたちがいますよ。
あの音は、たぬきさんたちがおなかをたたいている
音だったんですね」

「たぬきさんのお名前を呼んでみましょう。
ポンポコ山の○○○くん」

たぬき　「ハーイ」
呼ばれた子は返事をして、手を上げる。

保育者はそばについて、マイクで返事の声を拾う。

ハーイ

ナレーター 「ポンポコ山の○○○ちゃん」

たぬき 「ハーイ」
呼ばれた子は返事をして、手を上げる。

同様に全員の名前を呼び、
呼ばれた子は返事をして手を上げる。

ナレーター 「ポンポコ山のたぬきさんたち、おなかをたたくのが、
とっても上手です。さぁみんなでいっしょに
ポンポコおなかをたたいてみましょう」

◎ CD2
➡楽譜P41

♪「ポンポコ山のたぬきさん」
「げんこつ山のたぬきさん」の替え歌

ポンポコ山の　たぬきさん
おなかをたたいて　ポンポコポン
パチパチパチパチ　いないいないばあ

1

ポンポコやまの
たぬきさん
おなかをたたいて
ポンポコポン

グーにした手でおなかを自由にたたく

2

パチパチパチパチ
いないいない

4回拍手したあと両手で顔をかくす

3

ばあ

ばあ

両手を開いて顔を出す

39

ナレーター

「上手にポンポコができましたね。
今度は、客席にいるおうちの方やお友だちが、たぬきさんたちにいないいないばあを見せてあげてください」

「ごいっしょに歌いましょう」

会場の方もいっしょに動作を行う。

CD2
➡楽譜P41

♬「ポンポコ山のたぬきさん」

ポンポコ山の　たぬきさん
おなかをたたいて　ポンポコポン
パチパチパチパチ　いないいないばあ

会場の方とたぬきたちは、いっしょに拍手をする。

ナレーター

「パチパチパチ、みんなでポンポコ楽しかったね。
ではまたね　バイバーイ」

たぬきたちが手を振るうちに幕となる。

バイ
バーイ

バイ
バーイ

おしまい

ポンポコ山のたぬきさん

「げんこつ山のたぬきさん」の替え歌

作詞／丸山ちか　わらべうた

ポン ポ コ やまの　た ぬき さん

お なか を たたい て　ポン ポ コ ポン　パチ パチ パチ パチ　いない いない ばあ

歌「キラキラ星」を使って

星の子ピカリン

上演時間：5〜8分

📖 脚本のあらすじ

お星さまの国に、星の子ピカリンが住んでいました。名前を呼ばれて返事をしたり、あそびにきた小鳥や飛行機に手を振ったりします。最後はみんなで手あそびをして楽しみましょう。

こ こ が お も し ろ い

★ 楽しい効果音と共に空を飛ぶものに反応する姿がこの年齢ならではです。

★ 飛行機と小鳥もユラユラするなかで、子どもの手あそびする姿を楽しみます。

♡ この劇あそびから経験してほしいこと

自分の名前を
呼ばれたことがわかり、
返事をする。

目の前に出てくるものに
興味をもち、目で追ったり
手を振ったりする。

音楽に合わせて
体の部位に触る。

登場人物

人数の目安

ナレーター(保育者) ………… 👤 1人

星の子 ……………………… 👥👥👥👥
子ども全員

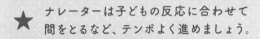 配役のポイント

★ ナレーターは子どもの反応に合わせて 間をとるなど、テンポよく進めましょう。

★ ナレーター役と小鳥などを動かす 保育者は、別に配置してもよいでしょう。

ナレーター(保育者) 　　　　星の子

 準備するもの

★ 登場人物の衣装

★ 小鳥と飛行機

　衣装写真 ……… P5
　作り方 ……… P189

★ イス

★ 星座の背景

材料:大判の折り紙、
色画用紙

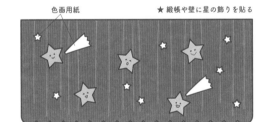
色画用紙　　　　　　　★緞帳や壁に星の飾りを貼る

〈星の切り方〉

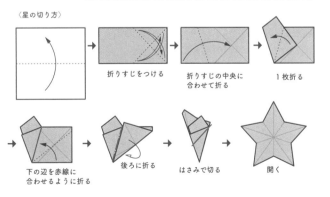

折りすじをつける　折りすじの中央に合わせて折る　1枚折る

下の辺を赤線に合わせるように折る　後ろに折る　はさみで切る　開く

緞帳に星の飾りをつけておく。
幕が開くと、星の子たちがイスに並んで座っている。

CD 3 ## 効果音♬「キラキラの音」

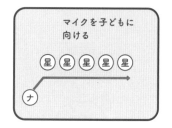

マイクを子どもに向ける

ナレーター

「ここはお星さまの国です。
キラキラした星の子ピカリンが集まっています。
お名前を呼んでみますよ。
星の子ピカリン　○○○ちゃーん」

星の子

「ハーイ」
呼ばれた子は返事をして、手を上げる。

CD 3 ## 効果音♬「キラキラの音」

ナレーター

「星の子ピカリン　○○○くーん」

星の子

「ハーイ」
呼ばれた子は返事をして、手を上げる。

CD 3 ## 効果音♬「キラキラの音」

同様に全員の名前を呼び、
呼ばれた子は手を上げて返事をする。

ナレーター

「おやおや？　みんなの声を聞いて何か飛んできましたよ」

CD 4 効果音 ♫「小鳥の鳴き声」

ナレーター
「小鳥さんが飛んできましたよ」
星の子たちの目の前で小鳥を動かしながら移動させる。

星の子
「小鳥さんバイバーイ」
星の子たちは小鳥に手を振る。

小鳥を動かして歩く

ナ ──────→

星 星 星 星 星

ナレーター
「あれれ、また何か飛んできましたよ」

CD 5 効果音 ♫「飛行機の音」

ナレーター
「大きな飛行機です」
星の子たちの目の前で飛行機を動かしながら移動させる。

星の子
「飛行機バイバーイ」
星の子たちは飛行機に手を振る。

ナレーター

「小鳥さんや飛行機は、みんなのお顔を見にきたのね。
では、みんなで元気な「星の子ピカリン」の歌を
聞かせてあげましょう」

CD6
➡楽譜P47

🎵「星の子ピカリンの歌」
「キラキラ星」の替え歌

星の子　ピカリン　キラキラピカリン
頭の上で　ほっぺの上で
おなかの上で　キラキラピカリン

歌っている星の子の後方で、鳥と飛行機をゆらす。

1

ほしのこ　ピカリン
リズムに合わせ拍手をする

2

キラキラピカリン
両手を開いて左右に振る

3

あたまのうえで
手で頭を軽く3回たたく

4

ほっぺのうえで
ほほを軽く3回たたく

5

おなかのうえで
おなかを3回軽くたたく

6

キラキラピカリン
両手を開いて左右に振る

ナレーター　「とっても元気にキラキラ輝く、星の子ピカリンたちでした。
ではまたね。バイバーイ」

CD 3

効果音 ♫「キラキラの音」

星の子たちが手を振っているうちに幕となる。

おしまい

星の子ピカリン 使用曲

CD6 # 星の子ピカリンの歌
「キラキラ星」の替え歌

作詞／丸山ちか　フランス民謡

1-2歳児

歌「グーチョキパーで何つくろう」を使って

みんなであそぼう
ワンニャンチュウ

上演時間：7〜10分

📖 脚本のあらすじ

イヌ・ネコ・ネズミたちが順番に登場します。名前を呼ばれて返事をしたら、いっしょにあそぶときのフレーズ「いれてー」を言って友だちを誘います。最後は、3匹の鳴き声の入った手あそびをします。

ここがおもしろい

★ 役の動物になりきって、鳴き声を演じる姿が愛らしいです。

★ 動物の役同士で、あそびに誘う場面は元気な声が聞けるでしょう。

♡ この劇あそびから経験してほしいこと

動物の役になり「ワンワン」「ニャンニャン」など鳴き声をまねて楽しむ。

「いれて」「いいよ」などのことばのやりとりをする。

音楽に合わせてリズミカルな動きをする。

😊 登場人物

人数の目安

ナレーター（保育者）…………	👤	1人
イヌ ………………………	👤👤👤	3人
ネコ ………………………	👤👤👤	3人
ネズミ ……………………	👤👤👤	3人

イヌ　　　　　ネコ　　　　　ネズミ

＼ 配役のポイント ／

★ 動物の3役には、それぞれ保育者が
ついて入場をサポートします。

★ 全体の子どもの数に合わせて、
各役の人数を調整します。

✂ 準備するもの

★ 登場人物の衣装

衣装写真……… P6
作り方……… P190

★ 入場門（2本で1組）

材料：お花紙、モール、棒、旗立台

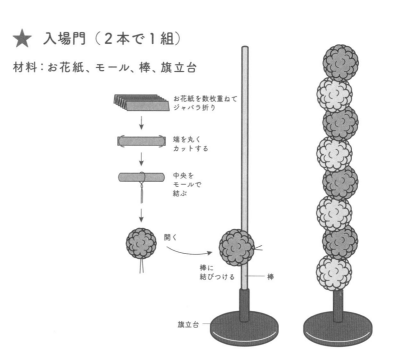

お花紙を数枚重ねて
ジャバラ折り

↓

端を丸く
カットする

↓

中央を
モールで
結ぶ

↓

開く →

棒に
結びつける ── 棒

旗立台

子どもが登場する舞台上手に、花飾りの入場門を
設置しておく。

ナレーター　「今日はとてもいいお天気です。
おや？　誰かきましたよ」

CD 7

BGM
♫「グーチョキパーで何つくろう」

イヌが登場して舞台中央に一列に並ぶ。

ナレーター　「イヌさんがやってきましたよ。
お名前を呼んでみましょう。○○○ちゃん」

イヌ　「ハーイ」
呼ばれた子は手を上げて返事をする。

ナレーター　「○○○くん」

イヌ　「ハーイ」

順番にイヌ役全員の名前を呼び、
呼ばれた子は返事をする。

ナレーター　「イヌさんの鳴き声はどんな声？
みんないっしょに鳴いてみましょう。1、2の3で…」

イヌ　「ワンワンワン」
自由にイヌの鳴き声のまねをする。

ナレーター 「元気な声ですね。おや？　誰かやってきましたよ」

イヌ役は後方に座る。

● CD 7　**BGM**
♫「グーチョキパーで何つくろう」

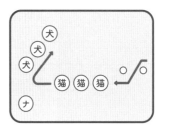

ネコが登場して舞台中央に一列に並ぶ。

ナレーター 「やってきたのはネコさんです
お名前を呼んでみましょう。○○○ちゃん」

ネコ 「ハーイ」
呼ばれた子は手を上げて返事をする。

ナレーター 「○○○くん」

ネコ 「ハーイ」

順番にネコ役全員の名前を呼び、
呼ばれた子は返事をする。

ナレーター 「ネコさんの鳴き声はどんな声？
みんないっしょに鳴いてみましょう。1、2の3で…」

ネコ 「ニャンニャンニャン」
自由にネコの鳴き声のまねをする。

ナレーター 「元気な声ですね。みんなでいっしょにあそびましょう。
あそびに入るときは何ていうんだっけ？
いれてーだったね。ネコさんみんなで言ってみよう」

ネコ	「いれてー」

イヌ	「いいよー」

ナレーター	「ネコさん、よかったね。 おやおや？　また誰かやってきましたよ」

ネコ役は、イヌ役の横に座る。

● CD 7

BGM
♬「グーチョキパーで何つくろう」

ネズミが登場して舞台中央に一列に並ぶ。

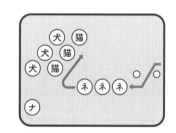

ナレーター	「ネズミさんですね！ お名前を呼んでみましょう。○○○ちゃん」

ネズミ	「ハーイ」 呼ばれた子は手を上げて返事をする。

ナレーター	「○○○くん」

ネズミ	「ハーイ」

順番にネズミ役全員の名前を呼び、
呼ばれた子は返事をする。

ナレーター	「ネズミさんの鳴き声はどんな声？ みんないっしょに鳴いてみましょう。1、2の3で…」
ネズミ	「チュウチュウチュウ」 自由にネズミの鳴き声のまねをする。

ナレーター	「元気な声ですね。みんなでいっしょにあそびましょう。 あそびに入るときは何ていうんだっけ？ いれてーだったね。ネズミさんみんなで言ってみよう」
ネズミ	「いれてー」
イヌ ネコ	「いいよー」
ナレーター	「それじゃあ、　みんなでいっしょに歌いましょう」

全員前に出て一列に並ぶ。

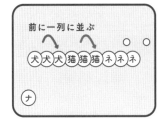

 CD8
→楽譜 P55

♪「みんなであそぼうワンニャンチュウ」
「グーチョキパーで何つくろう」の替え歌

1番

みんなであそぼう
ワンニャンチュウ　ワンニャンチュウ
元気な足で　足ぶみしよう
トントントン　トントントン

2番

みんなであそぼう
ワンニャンチュウ　ワンニャンチュウ
大きな声で　ばんざいしよう
パチパチバンザイ　パチパチバンザイ

1 `1番`

みんなであそぼう

となりの人と手をつないでゆらす

2

ワン

両手を開いて顔の横につける

3

ニャン

両手をほほにつける

4

チュウ

開いた両手を頭にのせる

5

ワンニャンチュウ

2〜4を繰り返す

6

げんきなあしで
あしぶみしよう

両手でひざを軽くたたく

7

トントントン
トントントン

足踏みする

8 `2番`

1〜5
と同様

みんなであそぼう
ワンニャンチュウ
ワンニャンチュウ

1番と同様

9

おおきなこえで
ばんざいしよう

両手を大きく2回まわす

10

パチパチ

2回拍手する

11

バンザイ
パチパチバンザイ

バンザイをする
10〜11を繰り返す

ナレーター

「楽しかったね。みんなでつながって
ワンニャンチュウ汽車になって帰りましょう」

● CD 9

効果音 ♫「汽車の音」

全員一列になって舞台をひとまわりして
手を振るうちに幕となる。

ひとまわりして退場

犬 犬 犬
猫
猫 猫 ネ ネ ネ
ナ

お　し　ま　い

みんなであそぼうワンニャンチュウ 使用曲

● CD8

みんなであそぼうワンニャンチュウ
「グーチョキパーで何つくろう」の替え歌

作詞／丸山ちか　フランス民謡

♩=108

1.2. みんなで あそぼう
ワン ニャン チュウ　ワン ニャン チュウ
げんきなあしで　あしぶみしよう
おおきなこえで　ばんざいしよう
トン パチ　トン パチ　トン バンザイ
トン パチ　トン パチ　トン バンザイ
1.　2.

歌「たまごの歌」を使って

たまごの中から

上演時間：5〜8分

脚本のあらすじ

大きなたまごから、ピヨピヨとヒヨコが生まれて出てきます。ナレーターのニワトリお母さんの問いかけに返事をしていく子どもたち。最後はみんなで「たまごの歌」をうたいます。

ここがおもしろい

★ ニワトリお母さんの声かけに合わせて、たまごの中からヒヨコが出てくる姿がこの年齢にぴったりです。

★ ヒヨコの姿で「たまごの歌」の手あそびをする姿が愛らしいです。

この劇あそびから経験してほしいこと

みんなでたまごから生まれて、ヒヨコになりきることを楽しむ。

名前を呼ばれて返事をしたり、問いかけに答えたりする。

歌詞に合わせて、リズミカルな表現あそびを体験する。

登場人物

人数の目安

ナレーター（保育者）‥‥‥‥‥ 👤 1人

ヒヨコ ‥‥‥‥‥‥‥‥‥‥‥‥ 👤👤👤👤 子ども全員

（たまごを開ける係　保育者2人）

ヒヨコ

＼ 配役のポイント ／

★ たまごを左右に開けるため、
　両端には保育者がつきましょう。

★ 子どもの様子を見て、
　イスに座って行ってもよいでしょう。

準備するもの

★ 登場人物の衣装

　　衣装写真‥‥‥‥ P7
　　作り方‥‥‥‥‥ P190

★ たまご　　材料：段ボール、色画用紙、クラフトテープ

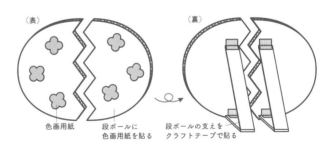

（表）　　　　　　　　　　　　　　（裏）

色画用紙　　段ボールに　　　段ボールの支えを
　　　　　　色画用紙を貼る　　クラフトテープで貼る

★ 草　　材料：牛乳パック、油粘土、スズランテープ、割りばし、
　　　　　　　色画用紙

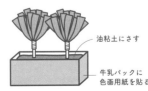

スズランテープ

テープを巻いて
とめる

割りばし

油粘土にさす

牛乳パックに
色画用紙を貼る

たまごの中から 脚本

幕が開くと舞台中央にたまごがある。
舞台の前方に草を並べる。

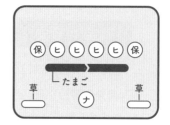

ナレーター　「私はコケコッコママ。
もうすぐうちの子どもたちが生まれます。
客席にいるおうちの方やお友だち、
みんないっしょに「でておいでー」と呼んでください。
それ、1、2の3！」

「でておいでー」
会場の人といっしょに声をかける。

🔘 **CD 10**

効果音 ♬「ピヨピヨの音」

保育者がたまごを左右に開き、
ヒヨコが出てきて正面に並ぶ。

ナレーター　「みんな元気に生まれてきてくれてうれしいわ。
お名前を呼んでみましょう。○○○ちゃん」

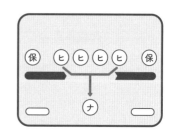

ヒヨコ　「ハーイ」
呼ばれた子は手を上げて返事をする。

ナレーター　「○○○くん」

ヒヨコ　「ハーイ」

順番にヒヨコ役全員の名前を呼び、
呼ばれた子は手を上げて返事をする。

ナレーター　「お返事できましたね。
では、ヒヨコさんたちに聞いてみましょう。
お散歩が大好きな子、手を上げて」

保育者は問いかけながら手を上げて、
子どもの動きを促す。

ヒヨコ
「ハーイハーイ」
保育者の動作をまねしながら手を上げる。

ナレーター
「みんなお散歩が大好きなんだね。
じゃあ、次は歌が好きな子、手を上げて」

＼歌が好きな子／
＼ハーイ／

保育者は問いかけながら手を上げて、
子どもの動きを促す。

ヒヨコ
「ハイハイハイ」
保育者の動作をまねしながら手を上げる。

アドバイス

他にも「お昼寝が好きな子」
「積み木が好きな子」など、
いろいろな問いかけをしてみ
ましょう。

ナレーター
「みんな歌が大好きなのね。
それではいっしょにたまごの歌であそびましょう。」

CD11
➡楽譜P61

♫「たまごの歌」

1番

丸いたまごが　パチンとわれて
かわいいヒヨコが　ピヨッピヨッピヨッ
まあ　かわいい　ピヨッピヨッピヨッ

2番

母さん鳥の　お羽の下で
かわいいお首を　ピヨッピヨッピヨッ
まあ　かわいい　ピヨッピヨッピヨッ

3番

青いお空が　まぶしくて
かわいいおめめを　クリックリックリッ
まあ　かわいい　クリックリックリッ

1

まあるいたまごが

両手を頭の上で合わせ丸を
作る

2

パチンとわれて

1回拍手をする

3

かわいいヒヨコが
ピヨッピヨッピヨッ

両手を広げ羽のように動かす

4

まあかわいい
ピヨッピヨッピヨッ

両手を大きくまわしてから、
横に広げ上下に動かす

5

かあさんどりの
おはねのしたで

両手を胸前で交差させ、肩を
軽くたたく

6

かわいいおくびを
ピヨッピヨッピヨッ

両手を腰につけ、首を左右に
振る

7

まあかわいい
ピヨッピヨッピヨッ

両手を大きくまわしてから、
腰につけて首を左右に振る

8

あおいおそらが
まぶしくて

両手で顔をかくしてから開く
動作を2回する

9

かわいいおめめを
クリックリックリッ

指で輪を作り、目にあててまわす

10

まあかわいい
クリックリックリッ

両手を大きくまわしてから、指
で作った輪を目にあててまわす

ナレーター

「元気いっぱいのヒヨコさんたち。
これからもっと大きくなりますから、
応援してくださいね。ではバイバーイ」

ヒヨコたちが手を振っているうちに幕となる。

おしまい

たまごの中から 使用曲

● CD11 たまごの歌

作詞・作曲／不詳

世界の昔話「ウサギとカメ」より

ウサギとカメの運動会

上演時間：7〜12分

📖 脚本のあらすじ

今日はウサギとカメの運動会。トンネルくぐりに一本橋渡り、ウサギはあせり過ぎて、うまく進むことができませんでした。最後はウサギの得意なかけっこです。速く走ったウサギは途中で昼寝をしてしまいます。一生懸命に走ったカメは、なんと1番にゴールすることができました。

ここがおもしろい

★ 子どもはカメ役になって、フープや平均台を進みます。普段の保育での運動あそびを披露します。

★ 保育者が演じる寝ているウサギを追い越し、カメ役の子どもが先にゴールするのが見どころです。

♡ この劇あそびから経験してほしいこと

跳ぶ、くぐるなどのさまざまな動きを体験する。

それぞれの動きを、最後までがんばるなど達成感をもつ。

「ウサギとカメ」の話から相手と比べず、自分のペースでよいことを知る。

登場人物

人数の目安

ナレーター(保育者) ‥‥‥‥‥‥	👤 1人
ウサギ(保育者) ‥‥‥‥‥‥‥	👤 1人
カメ ‥‥‥‥‥‥‥‥‥‥‥	👤👤👤

子ども全員
（マットやフープなどの補助役　保育者数人）

ナレーター(保育者)　　ウサギ(保育者)　　　　カメ

＼ 配役のポイント ／

★ 子どもがフープや平均台に挑戦する
順番は、練習するなかで
配慮して決めていきます。

★ フープや平均台には、フォローする
保育者をそれぞれ配置します。

準備するもの

★ **登場人物の衣装**

衣装写真‥‥‥‥ P8
作り方‥‥‥‥‥ P191

★ **マット**

★ **フラフープ3〜4本**

★ **平均台**

★ **カラーコーン**

★ **ゴール**

材料：片段ボール、色画用紙、
ペットボトル

片段ボール
色画用紙を巻いて貼る
ゴール
描く
巻いて貼る
水を入れたペットボトル

★ **山の背景**

材料：不織布、
カラークラフトテープ、
色画用紙、安全ピン

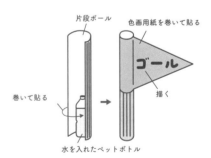 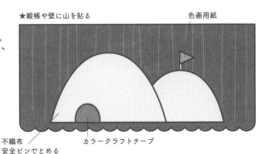

★緞帳や壁に山を貼る
色画用紙
不織布
安全ピンでとめる
カラークラフトテープ

ウサギとカメの運動会 脚本

緞帳には、山の背景をつけておく。
幕が開くと、カメとウサギが
舞台中央に並んで立っている。

ナレーター
「今日は、ウサギさんとカメさんの運動会です。
ウサギさんもカメさんもとっても張りきっています」

カメ
ウサギ
「ウサギとカメの運動会」に合わせて踊る。

マット

🎵「ウサギとカメの運動会」
「ごんべさんの赤ちゃん」の替え歌

● **CD12**
➡楽譜P69

アドバイス
前奏・後奏部分は、腕を振り
ながら足踏みをします。

元気な　カメさん　ウサギさん
今日は　いっしょに　運動会
トコトコ　ピョンピョン
トコ　ピョンピョン
みんなにこにこ　トコ　ピョンピョン

1

げんきな　カメさん
ウサギさん

左右に4回、両足跳びをする

2

きょうは　いっしょに
うんどうかい

かけっこの仕草で腕だけを振る

3

トコトコ

両手をグーにして、ひざをた
たく

4

ピョンピョン

両手をあげて、ウサギの耳の
形にして跳ねる

5

トコ　ピョンピョン

3・4と同様にする（ひざをたたくのは1回）

6

みんなにこにこ

拍手を4回する

7

トコ　ピョンピョン

3・4と同様にする（ひざをたたくのは1回）

| カメ ウサギ | セリフを言いながら片手をグーにしてあげる。
「エイエイオー」 |

＼がんばるぞ／

| カメ ウサギ | ガッツポーズをしながら
「がんばるぞ！」 |

| ナレーター | 「ウサギさんもカメさんも元気いっぱいです。
がんばってね！
最初はトンネルくぐりです」 |

「ウサギとカメ」の曲を流しながら演技を行う。

 CD 13

BGM ♫「ウサギとカメ」

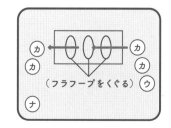

（フラフープをくぐる）

カメ ウサギ	順番に一人ずつフラフープのトンネルをくぐり抜ける。
カメ	くぐり抜けた順にガッツポーズをしながら 「できた！」

\ できた！ /

ウサギ	「あれー？」 急ぎすぎてフラフープに引っかかりながら通り抜ける。 「できた！」
ナレーター	「次は、一本橋です。ゆっくり渡りましょう」
カメ ウサギ	順番に一人ずつ平均台の橋を渡る。
カメ	渡った順にガッツポーズをしながら 「できた！」

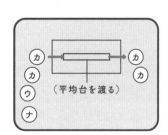

（平均台を渡る）

\ できた！ /

ウサギ	「おっとっとっと！」 急ぎすぎてバランスをくずしながら平均台を渡る。 「できた！」
ナレーター	「最後はかけっこです。ヨーイドン！」
ウサギ	カラーコーンまで勢いよく走る。
ナレーター	「あれ？　ウサギさんは、もうここまできましたよ」
ウサギ	「わたしは足が速いから、誰にも負けないわ。 カメさんはずっと向こう。わたしに追いつかないわね。 ちょっとお昼寝。一休みしましょう」
カメ	カラーコーンに向かって歩き始める。

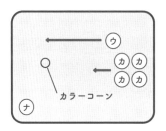

ア ド バ イ ス

年齢が小さい子の場合、コースの距離を短くしたり、2人1組で手をつないで進んだり、保育者が途中でフォローするなど、全員がゴールできるように工夫しましょう。

67

ウサギ	ひじをついて寝転がりながら 「グーグー」

ナレーター	「ウサギさんは寝てしまいましたよ」

カメ	カラーコーンで折り返し、 寝ているウサギの横を通りゴールまで歩く。

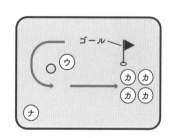

ナレーター	「カメさんはがんばってゴールイン。 あれれ、ウサギさんはまだ寝ていますよ。 みんなで起こしてあげましょう」

カメ	「ウサギさーん。起きてー！」

グーグー

起きて〜

ウサギ	あくびをしながら起き上がり 「ふわー。あれれ、しまった！ 寝すぎちゃった。 あーん残念！ 負けちゃった」

ナレーター 「カメさんは最後までがんばりましたね」

カメ
ウサギ 「ウサギとカメの運動会」に合わせて踊る。
（踊り方：P64-65）

ア ド バ イ ス

全員で「ばんざい」をしてから客席に向かって手を振るなど、エンディングを盛り上げましょう。

CD12
→楽譜P69

♫「ウサギとカメの運動会」

全員でばんざいポーズをするうちに幕となる。

お し ま い

ウサギとカメの運動会 使用曲

CD12

ウサギとカメの運動会

「ごんべさんの赤ちゃん」の替え歌

作詞／丸山ちか　アメリカ民謡

2-3歳児

日本の昔話「にんじん だいこん ごぼう」より

チャップン野菜のお風呂

上演時間：7〜12分

📖 脚本のあらすじ

野菜村の温泉でのお話。お風呂に入るのが好きで、真っ赤になったにんじんさん。ゴシゴシ洗うのが大好きで、真っ白になっただいこんさん。あそんでばかりだから、真っ黒けなごぼうさん。今日も野菜村はにぎやかです。

ここがおもしろい

★ 野菜たちの特性を、お風呂の入りかたで演じる楽しい演目です。

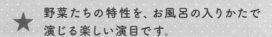

★ ゴシゴシ洗う歌とのんびりお風呂に入る歌の、しぐさやリズムの違いが楽しめます。

❤️ この劇あそびから経験してほしいこと

音楽に合わせて楽しく体を洗う動作をする。

赤、白、茶色…野菜の色とそれぞれのイメージを想像して楽しむ。

じゃがいも、にんじんなど土の中の野菜に興味をもつ。

登場人物

人数の目安

ナレーター（保育者）	👤	1人
にんじん	👥👥👥👥	4人
だいこん	👥👥👥👥	4人
ごぼう	👥👥👥👥	4人

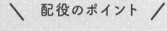

配役のポイント

★ 野菜たちのお風呂の出入りは、
保育者が誘導します。

★ にんじんとだいこんは
お風呂に入りますが、
ごぼうはお風呂の前で踊ります。

 にんじん　　だいこん　　ごぼう

準備するもの

★ **登場人物の衣装**

衣装写真‥‥‥‥ P9
作り方‥‥‥‥ P191

★ **お風呂**　材料：段ボール、色画用紙、ビニールテープ、
クラフトテープ

★ **のれん**　材料：不織布、ひも、棒、旗立台

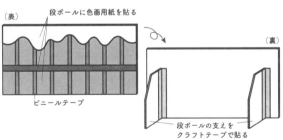

幕が開くと舞台後方に「おふろ」ののれん、
中央にお風呂がある。

ナレーター

「ここは野菜村の温泉です。
にんじんさんがやってきました」

CD 14

BGM 🎵「野菜登場の音楽」

にんじんたちは舞台中央に一列に並ぶ。

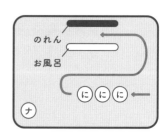

CD15

➡楽譜P82

🎵「ゴシゴシキュキュキュの歌」〈にんじん〉

「アルプス一万尺」の替え歌

1番

汗をかいたら　体を洗おう
どろんこ汚れも　洗いましょう
あたまを　ゴシゴシ
おなかを　ゴシゴシ
おしりも　ゴシゴシキュッキュッキュ

1 `1番`

あせをかいたら

4回拍手をする

2

からだをあらおう

タオルで背中を洗う動作をする

3

どろんこよごれも
あらいましょう

1、2を繰り返す

4

あたまをゴシゴシ

頭に手をのせてこする

5

おなかをゴシゴシ

おなかに手をあててこする

6

おしりもゴシゴシ

お尻に手をあててこする

7

キュッキュッキュ

体をひねりながら、洗うまね
をする

にんじん　　「さあ　お風呂に入ろう」

にんじんはお風呂のセットの
後ろに並んで入る。

CD16
➡楽譜P83

♫「チャップンお風呂の歌」〈にんじん〉

1番

チャップンお風呂は　ゆらゆらりん
1・2・3・4　いいきもち
5・6・7・8　いいきもち
もーっともーっと　入りたい

1 **1番**

チャップンおふろは
ゆらゆらりん

両手を横に伸ばしながら左右に振る

2

1・2・3・4

4回拍手をする

3

いいきもち

両手を胸の前で交差して肩をたたく

4

5・6・7・8　いいきもち

2、3を繰り返す

5

もーっともーっと

両手を大きくまわす

6

はいりたい

両手を胸の前で交差して肩をたたく

ナレーター

「にんじんさんはずーっとお風呂に入っていたので
顔も体も真っ赤になってしまいました」

ナレーター

「次にやってきたのはだいこんさんです」

● CD 14

BGM 🎵「野菜登場の音楽」

だいこんたちは舞台中央に一列に並ぶ。

（踊り方：P73）

● CD17
→楽譜P82

🎵「ゴシゴシキュキュキュの歌」〈だいこん〉

「アルプス一万尺」の替え歌

[1番]

汗をかいたら　体を洗おう
どろんこ汚れも　洗いましょう
あたまを　ゴシゴシ
おなかを　ゴシゴシ
おしりも　ゴシゴシキュッキュッキュ

だいこん

「さあ　お風呂に入ろう」

だいこんがお風呂のセットの後ろに並んで入ると
同時に、にんじんはお風呂から出て座る。

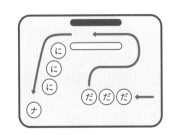

● CD18

➡楽譜P83

🎵「チャップンお風呂の歌」〈だいこん〉

2番

チャップンお風呂は　ゆらゆらりん
1・2・3・4　よく洗おう
5・6・7・8　よく洗おう
もーっともーっと　白くなれ

 1 2番

チャップンおふろは
ゆらゆらりん

両手を横に伸ばしながら左右に振る

2

1・2・3・4

4回拍手をする

3

よくあらおう

両手を胸の前で交差して、肩をこする動
作をする

4

5・6・7・8
よくあらおう

2、3を繰り返す

5

もーっともーっと

両手を大きくまわす

6

しろくなれ

両腕を胸の前で交差させて、肩をたたく

ナレーター 「だいこんさんは体をいっぱい洗ったので
真っ白になりました」

ナレーター 「次にやってきたのはごぼうさんです」

ごぼうの登場と同時にだいこんは、
お風呂から出て座る。

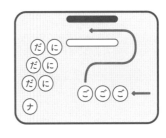

🔴 **CD 14**

BGM ♬「野菜登場の音楽」

ごぼうたちは舞台中央に一列に並ぶ。

CD19

➡楽譜P82

♫「ゴシゴシキュキュキュの歌」〈ごぼう〉
「アルプス一万尺」の替え歌

2番

汗をかいても　へっちゃらなんだ
どろんこ汚れも　へっちゃらさ
あたまを　ちょっとだけ
おなかを　ちょっとだけ
おしりも　ちょっとだけキュッキュッキュ

1 **2番**

あせをかいても

4回拍手をする

2

へっちゃらなんだ

片手を腰にあて、片手は振る

3

どろんこよごれも　へっちゃらさ

1、2を繰り返す

4

あたまをちょっとだけ

両手を頭にあてたまま、体をひねる

5

おなかをちょっとだけ

両手をおなかにあてたまま、体をひねる

6

おしりもちょっとだけ
キュッキュッキュ

両手をおしりにあてたまま、体をひねる

ごぼう　「お風呂に入るのやだなあ」

ごぼうはお風呂の外で踊る。

 CD20
→楽譜P83

♫「チャップンお風呂の歌」〈ごぼう〉

3番

チャップンお風呂は　ゆらゆらりん
1・2・3・4　入らない
5・6・7・8　入らない
もーっともーっと　あそびたい

1 3番

チャップンおふろは
ゆらゆらりん

両手を横に伸ばしながら左右に振る

2

1・2・3・4

4回拍手をする

3

はいらない

両手を交差してバツ印をつくる

4

5・6・7・8
はいらない

2、3を繰り返す

5

もーっともーっと
あそびたい

その場で走るまねをして、ひとまわりする

ナレーター

「あらあら、ごぼうさんはちょっとしか洗わないので
体は真っ黒けです」

ナレーター

「野菜村の元気な野菜たちがみんな集まりましたよ」

全員で舞台中央に並んで歌う。

 CD21

➡楽譜P83

🎵「チャップンお風呂の歌」〈全員で〉

4番

チャップンお風呂は　ゆらゆらりん
にんじん　だいこん　ごぼうさん
真っ赤に　真っ白　真っ黒け
みーんな　みーんな　楽しいね

1

チャップンおふろは
ゆらゆらりん

両手を横に伸ばしながら左右
に振る

2

にんじん　だいこん
ごぼうさん

8回拍手する

3

まっかに

両手を開いて顔の横につける

4

まっしろ

両手でほほをおさえる

5

まっくろけ

両手で頭を軽くたたく

6

みーんな
みーんな

両手を大きくまわす

7

たのしい

2回拍手をする

8

ね

バンザイする

全員で手を振っているうちに幕となる。

おしまい

- CD15・にんじん
- CD17・だいこん
- CD19・ごぼう

ゴシゴシキュキュキュの歌

「アルプス一万尺」の替え歌

作詞／丸山ちか　アメリカ民謡

1.あ せ を　か い た ら　か ら だ を　へっちゃら
2.あ せ を　か い て も　か ら だ を　へっちゃら

あ ら お う　ど ろ ん こ　よ ご れ も　あ ら い ま　しょう　あ た ま を　ゴ シ ゴ シ
な ー ん だ　ど ろ ん こ　よ ご れ も　へっちゃら　さ　あ た ま を　ちょっとだけ

お な か を　ゴ シ ゴ シ　お し り も　ゴ シ ゴ シ　キュッキュッ　キュ
お な か を　ちょっとだけ　お し り も　ちょっとだけ　キュッキュッ　キュ

CD16・にんじん
CD18・だいこん
CD20・ごぼう
CD21・全員で

チャップンお風呂の歌

作詞／作曲　浅野ななみ

世界の昔話「おだんごパン」より

まてまて にこにこパン

上演時間：7〜12分

📖 脚本のあらすじ

森の中のパン屋さんは、いつもおいしいパンを焼きます。そこにおなかをすかせたネズミとアヒルがやってきて、焼き立てのにこにこパンを食べようとします。「まてー」「逃げろー」にこにこパンは転がって逃げまわります。最後に来たのは、コブタさん、さあ逃げ切れるのでしょうか？

ここがおもしろい

★ 「逃げる」「追いかける」のやりとりや動きが楽しいところです。

★ 最後のコブタのくしゃみでにこにこパンが飛ばされる場面で盛り上がりましょう。

❤️ この劇あそびから経験してほしいこと

おいしそうだ
コロコロ

にこにこパンと
動物たちが繰り返す、
セリフのやりとりを楽しむ。

追いかけるまて〜

「逃げる」「追いかける」の動きを
いきいきと表現する。

みんなで歌ったり
踊ったりすることの
楽しさを体験する。

登場人物

人数の目安

ナレーター（保育者）………………	👤	1人
パン屋さん …………………………	👥👥👥	3人
にこにこパン ………………………	👥👥👥	3人
ネズミ ………………………………	👥👥👥	3人
アヒル ………………………………	👥👥👥	3人
コブタ ………………………………	👥👥👥	3人

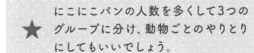

＼ 配役のポイント ／

★ にこにこパンとコブタは2人組になる場面があるので、同数にします。

★ にこにこパンの人数を多くして3つのグループに分け、動物ごとのやりとりにしてもいいでしょう。

パン屋さん

にこにこパン

ネズミ

アヒル

コブタ

準備するもの

★ **登場人物の衣装**

衣装写真…P10-11
作り方………P192

★ **パン屋の看板の背景**　材料：色画用紙、画用紙

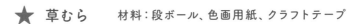

★緞帳や壁に貼る　画用紙に文字を書いて貼る
色画用紙

★ **草むら**　材料：段ボール、色画用紙、クラフトテープ

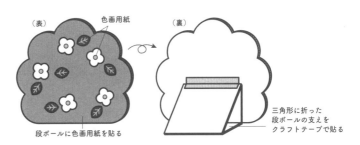

（表）　色画用紙　（裏）

段ボールに色画用紙を貼る

三角形に折った段ボールの支えをクラフトテープで貼る

緞帳にはパン屋の看板をつけておく。
幕が開くと舞台前方に草むらがある。
正面にパン屋さんが並んでいる。
その前に、にこにこパンが座っている。

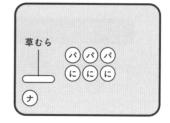

ナレーター　「森の中にパン屋さんがありました。
今日も焼きたてパンのいい匂いがしますよ」

パン屋さん　にこにこパンに手をさしのべながら
「ほら、ふわふわおいしいにこにこパンができたよ」

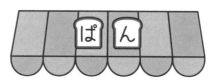

にこにこパンが立ち上がり、パン屋さんと一緒に歌う。

● **CD22**
➡楽譜P93

♫「にこにこパンの歌」

まんまる　元気な　にこにこパン
ふんわり　ふわふわ　いいにおい
あまくて　おいしい　にこにこパン
コロリンコロコロ　にこにこパン

1

まんまるげんきな
にこにこパン

両手を大きくまわし力こぶの
ポーズを2回繰り返す

2

ふんわりふわふわ
いいにおい

両手で頭の上で丸をつくり左
右にゆらす

3

あまくて

両手を顔の横で広げる

4

おいしい

ほほにつける

5

にこにこパン

3、4を繰り返す

6

コロリンコロコロ

両手をグーにしてかいぐりする

7

にこにこ

2回拍手をする

8

パン

両手を顔の横で広げる

 にこにこパン　「お外にあそびにいきたいな　コロリーン」

🔘 **CD 23**

効果音 ♫「転がる音」

にこにこパンは舞台をひとまわりして下手に入る。

パン屋さん　「まてまてまてー」

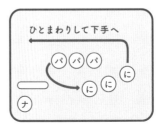

パン屋さんはにこにこパンのあとを追いかけながら、
下手に入る。

ナレーター　「おや？　向こうからやってきたのはネズミさんです」

CD 24　BGM 🎵「動物が登場する音楽」

ネズミが上手から登場する。

ネズミ　「おなかがすいたね、チュウチュウチュウ」

CD 23　効果音 🎵「転がる音」

ナレーター　「にこにこパンが転がってきましたよ」

にこにこパンが「にこにこパンの歌」の最後のフレーズを
歌いながら、下手から登場する。

にこにこパン　♪「コロリンコロコロ　にこにこパン」

ネズミ　「おいしそうだね。チュウっと一口食べさせて」

にこにこパン　「イヤイヤイヤだよ、逃げ出そう。それー」

CD 23 効果音 ♫「転がる音」

にこにこパンが舞台をひとまわりして下手に入る。

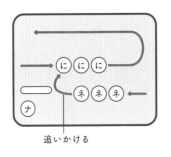

追いかける

ネズミ 「にこにこパンまてまてー」

ネズミもひとまわりして下手に入る。

ナレーター 「こんどはアヒルさんがやってきました」

CD 24 BGM ♫「動物が登場する音楽」

アヒルが上手から登場する。

アヒル 「おなかがすいたね、ガーガーガー」

CD 23 効果音 ♫「転がる音」

ナレーター 「にこにこパンが転がってきましたよ」

にこにこパン　にこにこパンが「にこにこパンの歌」の
最後のフレーズを歌いながら、下手から登場する。
♪「コロリンコロコロ　にこにこパン」

アヒル　「おいしそうだね。ガーと一口食べさせて」

にこにこパン　「イヤイヤイヤだよ、逃げ出そう。それー」

◉ CD 23

効果音 ♫「転がる音」

にこにこパンが舞台をひとまわりして下手に入る。

アヒル　「にこにこパンまてまてー」

アヒルもひとまわりして下手に入る。

ナレーター　「おや？　森の奥からやってきたのは誰でしょう。
コブタさんです」

◉ CD 24

BGM ♫「動物が登場する音楽」

コブタが上手から登場する。

コブタ　「おなかがすいたなあ。ブウブウブウ」

CD 23

効果音 ♫「転がる音」

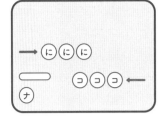

ナレーター　「にこにこパンが転がってきましたよ」

にこにこパン　にこにこパンが「にこにこパンの歌」の
最後のフレーズを歌いながら、下手から登場する。
♪「コロリンコロコロ　にこにこパン」

コブタ　「やあ！　よい声だねえ。もっと近くで聞かせてよ」

にこにこパン　「いいよ」

にこにこパンはコブタに近づく。

にこにこパン　「にこにこパンの歌」の最後のフレーズを歌いながら。
♪「コロリンコロコロ　にこにこパン」

コブタ　「楽しい歌だね。もっともっと近くで聞きたいな」

にこにこパン　「いいよ」

にこにこパンはコブタに近づく。

にこにこパン　「にこにこパンの歌」の最後のフレーズを歌いながら。
♪「コロリンコロコロ　にこにこパン」

コブタ 「わあ　いいにおい。
おいしそう、よだれが出てきちゃう」

コブタは口を拭くしぐさをする。

ナレーター 「大変だ！　にこにこパンがコブタさんに食べられちゃう！」

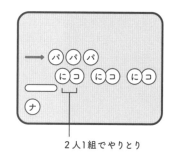

2人1組でやりとり

にこにこパン 「そーだ！　大きな鼻をくすぐっちゃおう！」

コブタの鼻をくすぐるしぐさをする。

にこにこパン 「コチョコチョコチョ」

パン屋さんが下手から登場する。

＼コチョコチョ／

＼わあ〜／

＼ハークション／

コブタ 「ハ　ハ　ハークション」

コブタは大きなくしゃみをする。

にこにこパン 「わー！」

飛ばされたにこにこパンを、
追いかけてきたパン屋さんがつかまえる。

パン屋さん 「つかまえたよ。おかえりーにこにこパン」

ナレーター 「にこにこパンは、パン屋さんのところへ
帰ることができました」

全員で舞台中央に出て歌う。

(踊り方:P87)

CD22
→楽譜P93

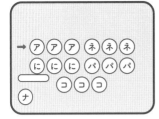

♬「にこにこパンの歌」

まんまる　元気な　にこにこパン
ふんわり　ふわふわ　いいにおい
あまくて　おいしい　にこにこパン
コロリンコロコロ　にこにこパン

全員で手を振るうちに幕となる。

おしまい

まてまて にこにこパン 使用曲

CD22 にこにこパンの歌

作詞／作曲　浅野ななみ

3-4歳児

日本の昔話「浦島太郎」より

浦島太郎

上演時間：7〜12分

脚本のあらすじ

浦島太郎がカメと竜宮城をおとずれると、おと姫や魚たちにごちそうや踊りで大歓迎されます。あまりの楽しさについつい長居をしてしまった浦島太郎、しばらくぶりに村に帰るとすっかり様子が変わっています。途方にくれて、お土産にもらった玉手箱を開けると、あっという間におじいさんになってしまいました。

ここがおもしろい

★ カメを助ける部分は省いて、竜宮城へ行った場面から始まります。

★ ♪「竜宮城の歌」では、元気に楽しく踊りましょう。

★ 浦島太郎が白髪のかつらでおじいさんに変身するのが見せ場です。

この劇あそびから経験してほしいこと

海の中のファンタジーの
世界を想像して、
イメージを広げる。

魚の種類や海の中の生き物に、
興味をもつ。

楽しい竜宮城から一転、
おじいさんになった浦島太郎の
気持ちを考えてみる。

登場人物

人数の目安

ナレーター（保育者）‥‥‥‥‥ 1人

浦島太郎 ‥‥‥‥‥‥‥‥‥‥ 3人

カメ ‥‥‥‥‥‥‥‥‥‥‥‥ 3人

おと姫 ‥‥‥‥‥‥‥‥‥‥‥ 3人

魚 ‥‥‥‥‥‥‥‥‥‥‥‥‥ 6人

（布を持つ係　保育者2人）

浦島太郎　　　カメ　　　　おと姫　　　　魚

＼ 配役のポイント ／

★ 浦島太郎、カメ、おと姫は
3人が交代で演じてもよいでしょう。

★ ナレーターのセリフを短く分けて、
子どもが演じてもよいでしょう。

準備するもの

★ 登場人物の衣装

衣装写真‥‥ P12-13
作り方‥‥ P193-194

★ 玉手箱

小道具写真‥‥ P13
作り方‥‥‥‥ P193

★ 玉手箱の煙
（白い布）

★ 竜宮城

材料：段ボール、色画用紙、
クラフトテープ

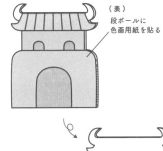

（表）
段ボールに
色画用紙を貼る

（裏）
段ボールの支えを
クラフトテープで貼る

★ ごちそう

材料：お盆、アルミトレイ、皿、
色画用紙、カラーポリ袋、
ペットボトル、プチプチシート、
ビニールテープ

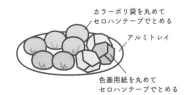

カラーポリ袋を丸めて
セロハンテープでとめる

アルミトレイ

色画用紙を丸めて
セロハンテープでとめる

ままごとの皿
など

お盆

ペットボトルにプチプチシートを巻き
ビニールテープでとめる

舞台後方に竜宮城を設置しておく。
オープニングに「浦島太郎」の曲を歌う。

CD 25
→楽譜P101

→楽譜P101

🎵「浦島太郎」

1番

昔々　浦島は
助けた亀に　連れられて
竜宮城へ　きてみれば
絵にもかけない　美しさ

ナレーター

「カメさんは助けてもらったお礼に、
浦島太郎さんを竜宮城へ連れてきてくれました」

カメが浦島太郎を先導して上手から登場する。

カメ

「ここが竜宮城です」

浦島太郎

「きれいだなあ！」

おと姫

「浦島太郎さん、ようこそ！
カメさんを助けてくれてありがとう」

浦島太郎はあぐらをかいて座る。

魚たちがごちそうを持って下手から登場する。

カメ

浦島太郎の前にごちそうを置きながら
「浦島太郎さん、ごちそうをどうぞ！」

浦島太郎

ごちそうを食べるまねをしながら
「ありがとう」

魚

浦島太郎にお酒をつぐまねをしながら
「浦島太郎さん、お酒をどうぞ！」

ア ド バ イ ス

「浦島太郎」の歌は、舞台裏
で子どもがCDや伴奏に合わ
せて歌ってもよいでしょう。

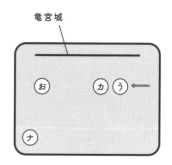

竜宮城

| 浦島太郎 | お酒を飲むまねをしながら
「ありがとう」 |

魚は上手へ退場する。

| 浦島太郎 | 満腹そうにおなかをさすり立ち上がりながら
「ああ、おいしかった。そろそろ帰ろうか」 |

| おと姫 | 浦島太郎のほうに手を伸ばし引き止めながら
「まだ帰らないでください！　魚たちが踊りますよ」 |

魚が上手から登場する。

| 魚 | 「竜宮城の踊りを見てください！」 |

「竜宮城の歌」に合わせて歌いながら踊る。

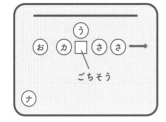

帰らないで

🎵「竜宮城の歌」

CD26
→楽譜P101

竜宮城は　楽しいな
ゆらゆら　ゆらりん　さかなも踊る
ゆらゆら　ゆらりん　みんなも踊る
ソレ　ソレ　ソレソレソレ
ソレ　ソレ　ソレソレソレ

アドバイス

● 前奏部分は太鼓の音に合わせて自由に太鼓をたたくしぐさをします。
● 「竜宮城の歌」は陽気に楽しく踊ります。特に「ソレ〜」の部分は元気に踊りましょう。

1

りゅうぐうじょうは
たのしいな

4回拍手をする

2

ゆらゆら　ゆらりん

両手を合わせ、魚のように揺らしながら前方へ動かす

3

さかなもおどる

両手を合わせたまま前方へ2回突き出す

4

ゆらゆら　ゆらりん

両手を合わせ、揺らしながら頭上へ動かす

5

みんなもおどる

両手を合わせたまま頭上へ2
回突き上げる

6

ソレ　ソレ
ソレソレソレ

両手をあげて左右に振る

7

（後奏）

2回拍手のあと、両手を横に
開く

8

（後奏）

片足を前に踏み出す

浦島太郎	拍手をする。 「おもしろい、おもしろい。でも、そろそろ帰りましょう」
おと姫	浦島太郎のほうに手を伸ばし引き止めながら 「まだ帰らないでください！ 今度は浦島太郎さんもいっしょに踊りましょう」
魚	「いっしょに踊りましょう」
全員	「竜宮城の歌」に合わせて歌いながら踊る。 （踊り方：P97-98）

 CD26
➡楽譜P101

♫「竜宮城の歌」

ナレーター	「浦島太郎さんは毎日、歌ったり踊ったり 楽しく過ごしました」
浦島太郎	「楽しいなあ。でも、もう帰ります」
おと姫	「では、おみやげに玉手箱を差し上げます。 おうちに帰るまで、絶対に開けてはいけませんよ」
浦島太郎	「はい、わかりました。さようなら」

> **アドバイス**
>
> 「竜宮城の歌」2回目は、1回
> 目よりさらに盛り上がるよう
> 楽しく大きく動いて踊ります。

| おと姫 魚 | 「さようならー」 |

おと姫と魚が下手へ退場する。ごちそうも下げる。

カメと浦島太郎は舞台をひとまわりする。

| ナレーター | 「浦島太郎さんは村に戻りましたが、
ようすがすっかり変わって
自分の家がわからなくなってしまいました」 |

アドバイス

おと姫・魚が退場すると同時に竜宮城の背景を片づけ、場面転換をします。

| 浦島太郎 | キョロキョロとあたりを見回しながら
「家がわからない。あーあ、困ったな」 |

| 浦島太郎 | 肩を落として、その場に座る。
「玉手箱を開けてみようかな？」 |

| カメ | 慌てて首を横に振りながら
「ダメダメダメです、浦島さん」 |

ダメです ちょっとだけ

| 浦島太郎 | 「ちょっと開けてみようかな」 |

| カメ | 「ダメダメダメです、浦島さん」 |

| 浦島太郎 | 玉手箱のふたを開けながら
「でも、ちょっとだけー」 |

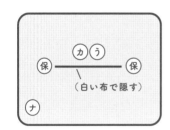

| 浦島太郎 | 玉手箱のふたを
開けたときに、保育者が白い布を
立ち上げて浦島太郎を隠す。 |

| 浦島太郎 | 「わあー」
布の後ろで
白髪のかつらをつける。 |

布を下げて、浦島太郎の姿を見せる。

ナレーター

「玉手箱から白い煙が出てきて、
あっという間に浦島太郎さんは
白髪のおじいさんになってしまいました」

◎ CD27
➡楽譜P101

♬「浦島太郎」

2番

心細さに　ふた取れば
開けてくやしき　玉手箱
中からぱっと　白煙
たちまち太郎は　おじいさん

全員　「浦島太郎」に合わせて歌いながら踊り、幕となる。

アドバイス

フィナーレは全員登場していっしょに歌いながら踊ります。前奏は足踏み、後奏は両手をあげて左右に振ります。

1

こころぼそさに

足踏みしながら拍手を4回する

2

ふたとれば

腕を伸ばして手を合わせ、片手をあげふたを開けるまねをする

3

あけてくやしき　たまてばこ

1,2を繰り返す

4

なかからぱっと　しろけむり

体の前で両腕を大きく2回まわす

5

たちまちたろうは

自分のまわりをぐるっとひとまわりする

6

おじいさん

胸の前でにぎった手を体の横で開く

おしまい

浦島太郎 使用曲

CD25　1番
CD27　2番

浦島太郎

文部省唱歌

1. むかし　むかし　うらしま　は
2. こころ　ぼそさに　ふたとれ　ば

たすけた　カメに　つれられ　て　りゅうぐう　じょうへ　きてみれ　れ
あーけて　くやしき　たまてば　こ　なかから　ぱっと　しろけ　む

ばり　えーにも　かけない　うつくし　さん
り　たちまち　たろうは　おじいさ　ん

竜宮城の歌

CD26

作詞・作曲／浅野ななみ

りゅうぐうじょうーは　たのしいな

ゆらゆらゆらりん　さかなもおどる　ソレ　ソレ　ソレ ソレ ソレ
ゆらゆらゆらりん　みんなもおどる

日本の昔話「いもころがし」より

おだんご ころころ

上演時間：7〜12分

📖 脚本のあらすじ

食べ物が転がるお話は多いですが、この劇あそびの原作は「いもころがし」。庄屋さんの家に招かれた和尚さんと小僧さん。和尚さんは小僧さんをおぎょうぎよくさせるため、自分のまねをするよう言いつけます。和尚さんが食事中おだんごを転がしてしまうと、それもまねした小僧さん。その姿に村人たちは大笑いします。

ここ が おもしろい

★ 自分のまねをするように言った和尚さん、最後に大混乱する場面が見どころです。

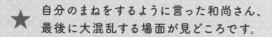

★ 「まねするなの歌」は、和尚さんと小僧さんのかけあいが楽しめます。

♥ この劇あそびから経験してほしいこと

小僧が和尚の
まねをすることの
おもしろさを楽しむ。

いばった和尚がおだんごを
落としてしまい、
イライラした思いを考える。

お米を収穫し
おだんごをつくることを
知る。

登場人物

人数の目安

ナレーター（保育者）		1人
和尚		2人
小僧		4人
村人A（庄屋を含む）		4人
村人B		4人

和尚　　小僧　　庄屋　　村人A　　村人B

＼ 配役のポイント ／

★ まねをするおもしろさが伝わるように、小僧役は3人以上の多人数で演じます。

★ 村人が歌う「おだんご祭りの歌」では、稲をイメージした棒型のポンポンを持って踊ると楽しいでしょう。

 準備するもの

★ **登場人物の衣装**

衣装写真··· P14-15
作り方·· P194-P195

★ **大きなだんご**

材料：新聞紙、カラーポリ袋

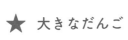
カラーポリ袋（白）でくるむ
丸めた新聞紙
→ テープでとめる
下を平らにする
（ころがりすぎないように！）

★ **イス・机**

材料：箱つみき大・小、色画用紙

和柄の模様を描いた色画用紙を貼る（ざぶとんのイメージ）
箱つみき大
箱つみき小
黒い紙を貼る
〈イス〉　〈机〉

★ **庄屋の家**
（ふすま）　材料：段ボール、色画用紙、カラークラフトテープ、クラフトテープ

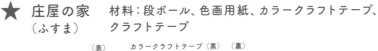
（表）　カラークラフトテープ（黒）　（裏）
段ボールに色画用紙を貼る
これを2組つくる
段ボールの支えをクラフトテープで貼る

★ **踊りの持ち物**

材料：色画用紙、スズランテープ、ビニールテープ

スズランテープ
色画用紙を巻いた上にビニールテープを巻く

★ **お盆**

材料：紙皿

大きい紙皿を黒く塗る

おだんご ころころ 脚本

ナレーター

「ある村でのお話です。
その年、お米がたくさんとれたので、
庄屋さんの家でおだんごを作って
お祝いをすることになりました。
お寺の和尚さんと小僧さんも、
お祝いに行くことになりました」

幕が開くと、和尚と小僧さんが並んで立っている。

和尚

「庄屋さんの家から、おだんごまつりをするから
きてくださいと、お誘いがありましたよ」

小僧

「わーい。おいしいおだんごが食べられる。
わーい　わーい」

和尚

「これこれ……おぎょうぎよくするのですよ。
エヘン！　私のやるとおり、何でもまねをしなさい」

小僧

「はーい、まねをします。ぜったいまねします！！」

はーい、まねをします

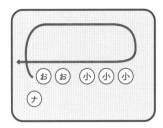

● CD 28

BGM ♬「行進の音楽」

和尚を先頭に、小僧たちが舞台をひとまわりして、
下手に退場する。

入れかわりに庄屋の家(ふすま)が上手と下手から出てくる。
ナレーターが退場する。

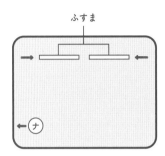

ふすま(2枚)は保育者が出す

ナレーター

「ここは庄屋さんの家です」

村人Aと庄屋がイスを持って登場する。

村人A
庄屋

「さあさあ、おだんごまつりのしたくをしましょう」

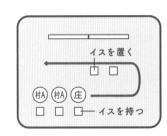

イスを並べ、並び終えたら下手に立つ。

村人B

「さあさあ、おだんごまつりのしたくをしましょう」

村人Bは机を持って登場し、イスの前に並べたら、
上手に立つ。

<イス>　　　<机>

村人A
庄屋

「あっ、和尚さんがきましたよ」

下手から、一列のまま、和尚と小僧が登場する。

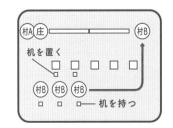

和尚

「ごめんください」
おじぎをする。

小僧
「ごめんください」
和尚のまねをしておじぎをする。

村人全員
庄屋
「どうぞ、ここにおかけください」
イスを指さす。

和尚
「ありがとうございます……では、ここに座ります」
イスに座る。

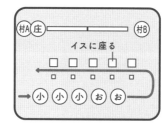

小僧
「ありがとうございます……では、ここに座ります」
和尚のまねをしてイスに座る。

前奏の間に、村人Aと庄屋は下手に退場する。
村人Bは踊りの持ち物を持って、
舞台中央に並んで踊る。
（踊りの持ち物は、上手奥に準備しておく）

♬「おだんごまつりの歌」
「10人のインディアン」の替え歌

CD29
→楽譜P112

1番

お米が　お米が　いっぱいとれた
おだんご　つくって　お祝いしましょう
おだんご　おだんご　おだんごまつり
楽しいね　ホイ

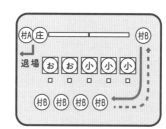

「おだんごまつりの歌」を踊る

1

おこめがおこめが
いっぱいとれた

左右に4回両足跳びをする

2

おだんご　つくって
おいわい　しましょう

両手を打ち合わせながら足踏みを4回
する

3

おだんご　おだんご
おだんごまつり

頭の上に両手で輪をつくり、左右に揺れる

4

たのしいね

両手を打ち合わせながら足踏みを3回
する

5

ホイ

両手を上げる

村人Bは元の場所にもどる。
入れかわりに村人Aと庄屋がだんごを持ってくる。

村人A
庄屋

「お祝いのおだんごです。さあさあどうぞ」

村人Aと庄屋は和尚と小僧の机の上に
だんごを置く。その後、下手に立つ。

和尚

「おお、みごとなおだんご」
だんごを見てびっくりする。

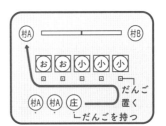

小僧	「おお、みごとなおだんご」
	和尚のまねをして、びっくりする。

和尚	「いただきます」
	手を合わせ、おじぎをする。

小僧	「いただきます」
	和尚のまねをして、手を合わせておじぎをする。

村人全員	「なんておぎょうぎがよいのでしょう!」

和尚	「では……」
	だんごを持つ。

小僧	「では……」
	和尚のまねをして、だんごを持つ。

和尚	「おっとっとっとっ……しまった!」
	だんごを転がす。

小僧	「おっとっとっとっ……しまった!」
	和尚のまねをして、だんごを転がす。

和尚	「まてまて、おだんご……」
	イスから立ち上がって、だんごを追いかける。

| **小僧** | 「まてまて、おだんご……」
和尚のまねをして、立ち上がってだんごを追いかける。 |

| **和尚** | 「えーい、まねするな」
小僧に向かって言う。 |

| **小僧** | 「えーい、まねするな」
和尚のまねをして言う。 |

| **和尚** | 「まねするなったらまねするな」
地団駄を踏みながら言う。 |

| **小僧** | 「まねするなったらまねするな」
和尚のまねをして、地団駄を踏みながら言う。 |

| **村人全員** | 和尚と小僧を指しながら
「まねっこしてる、まねっこしてる。
アッハッハッハッ、おかしいね」
和尚、だんごを拾う。小僧もまねをして拾う。一列になる。 |

CD30
→楽譜P113

♫「まねするなの歌」

（和尚）まねするなったら　まねするな
（小僧）まねするなったら　まねするな
（和尚）まねするなったら　まねするな
（小僧）まねするなったら　まねするな
（和尚）ま　ね　する　なーっ！
（小僧）ま　ね　する　なーっ！

1

まねするなったら
まねするな(和尚)

前奏でおだんごを拾う。歌に
合わせて左右に振る

2

まねするなったら
まねするな(小僧)

1の動作を和尚より大きく行う

3

まねするなったら
まねするな(和尚)

ひじを曲げ上下に動かす。足も
上げ下げする

4

まねするなったら
まねするな(小僧)

3の動作を和尚より大きく行う

5

まねするなーっ!(和尚)

小僧に向かっておだんごを上
下に振る

6

まねするなーっ!(小僧)

5の動作を和尚より大きく行う

7

後奏

自由におだんごを振りながら、和尚を先頭に一列になりかけ足
で上手に退場する

村人全員と庄屋が舞台中央に出てくる。
ナレーターも下手から登場する。

村人全員

「まねっこしてる、まねっこしてる。
アッハッハッハッ、おかしいね」

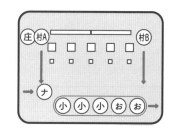

村人全員と庄屋、ナレーターが
歌いながら踊る。(踊り方：P107)

→楽譜P112

♫「おだんごまつりの歌」
「10人のインディアン」の替え歌

2番

おだんご　おだんご　転がった
おやおや　大変　おおさわぎ
おだんご　おだんご　おだんごまつり
楽しいね　ホイ（間奏）

間奏中に和尚と小僧が上手から登場し、村人の前に座る。

和尚　「はずかしいーっ」

小僧　「はずかしいーっ」

和尚は顔をかくし「はずかしいーっ」と言い、
小僧もまねをする。
村人は両手を上げて客席に大きく手を振るうちに幕となる。

はずかしいーっ

おだんごまつりの歌

CD29　1番
CD31　2番

「10人のインディアン」の替え歌

作詞／佐倉智子　アメリカ民謡

1.おこ　めが　おこ　めが　いっ　ぱい　とれ　た　おだ　んご　つく　って　おい　わい　しま　しょう
2.おだ　んご　おだ　んご　ころ　ころ　ころ　がっ　た　おや　おや　たい　へん　おお　おお　さわ　ぎ

おだ んご　おだ んご　おだ んご　まつり　た の しい　ね　ホイ

ね　ホイ

(和尚)「はずかしいーーっ」　(小僧)「はずかしいーーっ」

まねするなの歌

作詞／作曲 佐倉智子

世界の昔話「ジャックと豆の木」より

ジャックと ふしぎな豆の木

上演時間：7〜12分

脚本のあらすじ

貧しい家のジャックは、牛を町に売りに行ったのに、豆と交換してしまいます。怒ったお母さんが豆を捨ててしまいますが、なんとその豆はふしぎな豆で、次の日には天まで伸びていました。豆の木に登って雲の上までいったジャックは、大男につかまった金の卵を産むニワトリに出会います。ジャックは大男をやっつけ、ニワトリと一緒にお母さんと幸せに暮らしました。

ここがおもしろい

★ 豆の木を、手をつないだ子どもたちで演じるのが楽しいところです。

★ 豆の木が、しゃがんだり大きく揺れたりするようすと、ジャックや大男の反応は見どころです。

♡ この劇あそびから経験してほしいこと

雲の上の世界を想像し、イメージをふくらませる。

逃げるジャックと追いかける大男の、スリルあふれるやりとりを楽しむ。

空まで伸びた豆の木をいきいきと表現する。

登場人物

人数の目安

ナレーター	………………………	2人
ジャック	…………………………	3人
お母さん	……………………………	1人
大男	………………………………	2人
ニワトリ	……………………………	3人
豆の木	………………………………	5人

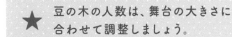

配役のポイント

★ ジャックとニワトリは手をつなぐので、配役は同数にします。

★ 豆の木の人数は、舞台の大きさに合わせて調整しましょう。

ジャック　　お母さん　　大男　　ニワトリ　　豆の木

準備するもの

★ 登場人物の衣装

衣装写真… P16-17
作り方… P195-196

★ 城の背景

材料:模造紙

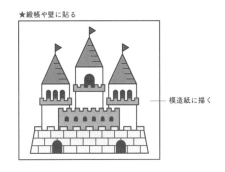

★緞帳や壁に貼る

模造紙に描く

★ 雲

材料:段ボール、
色画用紙、
クラフトテープ

（表）　　　　　　　　（裏）

段ボールに色画用紙を貼る
（大男役の子どもが座ってかくれる位の高さ）

段ボールの支えを
クラフトテープで貼る

*綴帳に城をつけておく。舞台奥に雲があり、
後ろには大男役がかくれている。*

ナレーター 「ある日のことです。ジャックは、お母さんに頼まれて
町まで牛を売りに行きました」

ナレーター 「ところが途中で出会ったおじいさんの
豆がとってもきれいだったので、
ジャックは牛と豆を取りかえてしまいました」

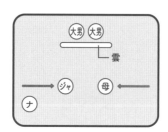

*幕が開くと下手からジャック、
上手からお母さん登場する。*

ジャック 「ただいま　お母さん」

お母さん 「おかえりジャック、牛は売れたのかい?」

ジャック 「ううん、それが牛とこのきれいな豆と取りかえたんだ」

お母さん 「まあ!　大事な牛と豆と取りかえたの?
こんな豆は食べられないわよ、ポイ!」
お母さんは豆を投げるしぐさをする。

ジャック 「捨てないでよー」

ナレーター 「ジャックとお母さんは、何も食べずに
寝てしまいました」

ジャックとお母さんは上手に入る。

ナレーター　「夜になると、豆からツルが伸びてきました」

上手から豆の木が登場し、つないだ手を揺らしながら歌う。

CD32
➡️楽譜P124

🎵「豆の歌」
「メリーさんのひつじ」替え歌

1番

ぐんぐん伸びろ　ふしぎな豆だ
天までとどく　豆の木だ

ナレーター　「朝になりました」

ジャックとお母さんが上手から登場する。

ジャック　「わあ！　豆の木が大きくなった」

お母さん　「雲の上までのびているわ」

ジャック　「ちょっと登ってみようかな」

お母さん　「危ないよ」

ジャック	「だいじょうぶ。すぐに戻ってくるよ」

ジャックは豆の木をくぐるように進み、振り返る。

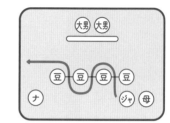

お母さん	「ジャック、気をつけてね」

ジャック	「うん、だいじょうぶだよ」

お母さん	「危なかったら戻ってくるのよ」

ジャック	「わかった、いってきまーす」

お母さんは上手に入る。
ジャックが下手に入り、続いて豆の木も下手に入る。

ナレーター	「雲の上には大きなお城がありました」

ナレーター	「そこには大男が住んでいました」

雲の後ろから大男が登場する。ナレーターは下手に入る。

CD33
➡楽譜P125

♫「大男の歌」
「むっくりクマさん」の替え歌

おれたち　強いぞ　大男
なんでも　かんでも　サッサ
とってくるよ　サッサ
お宝　いっぱい　すごいだろ

1 おれたちつよいぞ　おおおとこ
両手を腰におき、体を左右に揺らす

2 なんでもかんでも　サッサ　とってくるよサッサ
両手を前に出し、つかんで引き寄せる動きを繰り返す

3 おたからいっぱい
両手を大きくまわす

4 すごいだろ
力こぶのポーズをする

大男「この間つかまえた、金のたまごを産む
ニワトリを連れてきてくれ」

大男「おお、金のたまごを産むニワトリ、出てこーい！」

ニワトリが上手から登場する。

ニワトリ全員「コココ　コケコッコー」

大男全員「よーし　どんどん産め産め金のたまご！」

⏺ **CD 34**　BGM♫「たまごを産む音楽」

1羽ずつ順にひとまわりして
ポケットから金のたまごを取り出す。

119

1	**2**	**3**	**4**

前奏	コッコッコッコッ	コケコッーコー	ポン
羽を広げる	ひとまわりして後ろを向く	たまごをポケットから出しながら、前を向く	たまごを見せる

ニワトリ　「コッコッコッコッ　コケコッーコー　ポン」

ニワトリ　「コッコッコッコッ　コケコッーコー　ポン」

ニワトリ　「コッコッコッコッ　コケコッーコー　ポン」

ニワトリ役の子どもの人数だけ動作を繰り返す。
大男たちがニワトリが持っている
金のたまごを取り上げる。

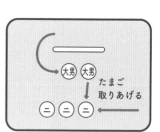

大男　「金のたまごで、おいしいたまご焼きが食べられるぞ」

大男全員　「食べよう食べよう　ワハハハ」

大男はたまごを持って雲の後ろに入る。
ジャックが下手から登場する。

ニワトリ全員　「ココココ、あなたはだあれ」

ジャック　「ぼくはジャック。豆の木を登ってきたんだ」

ニワトリ　「ジャックさん、わたしたちを助けてください」

ニワトリ　「わたしたちは大男につかまってしまったのです」

ニワトリ　「ここから逃げないと、
　　　　　ジャックさんもつかまってしまいますよ」

ジャック　「大変だ。じゃあいっしょに逃げよう」

ジャックとニワトリは下手に入る。
大男が雲の後ろから登場する。

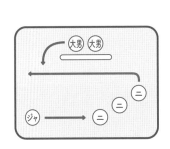

大男　「何か声が聞こえたぞ！」

大男　「ニワトリはどこに行った」

大男全員　「いないぞ！ 逃げたな。まてー」

BGM ♬「追いかける音楽」

大男は舞台をひとまわりして下手に入る。

下手から豆の木が登場し、
つないだ手をゆらしながら歌う。

♬「豆の歌」

「メリーさんのひつじ」の替え歌

2番

ぐんぐん伸びろ　ふしぎな豆だ
ジャックとニワトリ　助けよう

歌ったあと、豆の木は全員しゃがむ。
ジャックとニワトリが手をつないで登場。

ジャック　「よし、逃げろー」

ニワトリ　「早く早くー」

セリフを言いながら、
豆の木の上で手をつなぎ上手に走る。

お母さん　上手からお母さんが登場し、ジャックに手を振る。
「ジャック！」

ジャック　「お母さーん」

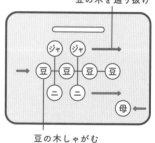

ジャックとニワトリ
豆の木を通り抜け

豆の木しゃがむ

大男が下手から登場。
豆の木は立ち上がって前後にゆれる。

大男全員　「まて　まてー」

大男は豆の木のツルにつかまる。

豆の木

「1・2の3で飛んでいけー」
豆の木は一斉に大きく揺れて大男を振り飛ばす。

大男全員

「わー」

大男はよろめきながら下手に入る。
ナレーター下手から登場する。

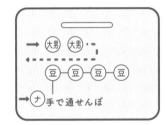

ナレーター

「こうして、大男は遠くに飛ばされてしまいました」

ナレーター

「それからジャックとお母さんは、
金のたまごを産むニワトリを大事に育て、
幸せに暮らしたということです」

お母さん、ジャック、ニワトリ、豆の木、ナレーターは
手をつなぎ一列になる。

⊙ CD37
➡楽譜P124

BGM ♫「豆の歌」フィナーレ
「メリーさんのひつじ」の替え歌

BGMに合わせて、つないだ手を振る。
大男も出てきて列に加わり、手を振るうちに幕となる。

おしまい

CD32　1番
CD36　2番
CD37　フィナーレ BGM

豆の歌

「メリーさんのひつじ」の替え歌

作詞／丸山ちか　アメリカ民謡

1.2. ぐんぐんのびろ
ふしぎなまめだ
てんまでとどく
ジャックとにわとり
まめの きだ
たすけ よう

CD34

たまごを産む音楽

作曲／中里和美

コッ コッ コッ コッ
コケ コッーコー
ポン

CD33

大男の歌

「むっくりクマさん」の替え歌

作詞／丸山ちか　スウェーデン童謡

おれたち　つよいぞ
おおおと　こ　なんでも　かんでも　サッサ　とって　くるよ
サッサ　おたから　いっぱい　すごいだ　ろう

3－4歳児

♪ ジャックとふしぎな豆の木

125

日本の昔話「ネズミのよめいり」より

ネズミのよめいり

上演時間：10〜15分

脚本のあらすじ

チュー子ちゃんと両親は、世界で一番強いおむこさんを探しに出かけます。太陽でもなく雲でもなく……、なかなか見つかりません。最後にやっと出会えたおむこさんとは、だれだったのでしょうか？

ここがおもしろい

★ 世界一と思っていたものが、どんどん変わっていきます。その役の特徴を動きで表現します。

★ 最後はネズミのチュー太くんと結婚します。みんなで「おめでとうの歌」で盛り上がりましょう。

この劇あそびから経験してほしいこと

世界一強いのはだれか、その理由をお話に合わせて考える。

次々に強いものがでてくる、繰り返しを楽しむ。

友だちにも、それぞれちがうすごいところがあることに気付く。

登場人物

人数の目安

ナレーター……………………	👤👤👤	3人
お父さん………………………	👤👤👤	3人
お母さん………………………	👤👤👤	3人
チュー子………………………	👤👤👤	3人
チュー太………………………	👤	1人
おひさま………………………	👤	1人
雲………………………………	👤	1人
風………………………………	👤	1人

（壁の声　保育者1人）

／ 配役のポイント ＼

★ お父さん・お母さん・チュー子は、
前半・中間・後半で
交代してもよいでしょう。

★ おひさま・雲・風は、
人数を増やすこともできます。

ナレーター　　　　　　　お父さん

お母さん　　チュー子　　チュー太　　おひさま　　雲　　風

準備するもの

★ 登場人物の衣装

　衣装写真… P18-20
　作り方… P197-198

★ 壁　　材料：段ボール、色画用紙、ビニールテープ、厚紙、
　　　　　クラフトテープ

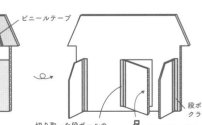

（表）
段ボールに
色画用紙を貼る
ビニールテープ
切り取る

（裏）
切り取った段ボールの
片側をクラフトテープで貼る
厚紙の取っ手を
つける
段ボールの支えを
クラフトテープで貼る

幕が開くとお父さん・お母さん・チュー子が並んでいる。

ナレーター	「チューチューチュー。 おや？　ネズミの声が聞こえてきます。 何を話しているのでしょう。」
お父さん	「うちのチュー子も大きくなったなあ」
お母さん	「そろそろすてきなおむこさんが見つかるといいですね」
お父さん	「そうだなあ」
お母さん	「チュー子ちゃんは、どんな人が好きなの？」
チュー子	考えるしぐさをしながら 「うーん わたしが一番好きなのは、世界で一番強い人」
お父さん お母さん	「世界で一番強い人？」
お母さん	「それはだれでしょうね？」
お父さん	「わかったぞ！ いつでも明るく世界中を照らしているおひさまだ」

＼まぁ すてき／

チュー子	「まあすてき。世界で一番強いのは、おひさまね」
チュー子 お父さん お母さん	「世界で一番強い人」に合わせて 歌いながら踊る。

CD38
➡楽譜P136

♫「世界で一番強い人」

わたしが一番好きなのは　世界で一番強い人
だれだれ　だれ　それはだれ
きっと探して見つけよう

1

わたしがいちばん
すきなのは

右手、左手の順に手を開き、両腕を胸の前で交差させる

2

せかいで
いちばん

両腕を大きく回す

3

つよいひと

手をグーにして、ひじを曲げ自分のほうへ引き寄せる

4

だれだれ だれ
それはだれ

人差し指であちこちを指さす

5

きっとさがして

自分のまわりをひとまわりする

6

みつけよう

片手をひたいにかざして、見るしぐさをする

お父さん　「みんなでおひさまのところへ行ってみよう」

チュー子とお父さん、お母さんは下手へ退場する。

おひさまが上手から登場する。

チュー子とお父さん、お母さんが下手から登場する。

| ナレーター | 「ネズミの家族はおひさまのところへやってきました」 |

| チュー子 | 「おひさま、こんにちは！」 |

| おひさま | 「キラキラキラリン！　やあ、こんにちは！」 |

| お母さん | 「世界で一番強いおひさまにお願いがあります」 |

| お父さん | 「うちのチュー子を
おひさまのおよめさんにしてください」 |

| おひさま | 「わたしもチュー子ちゃんのことが大好きだ。
だけど、世界で一番強いのはわたしじゃないよ」 |

| チュー子 | 「えっ！おひさまよりも強いのはだれですか？」 |

| おひさま | 「わたしがどんなに光っても、
雲さんがきたらあっという間に隠されちゃうよ」 |

雲が上手から登場し、おひさまを隠すようにする。

| おひさま | 「わー、雲さんがきた！」 |

| 雲 | 「もくもくもく、おひさま隠せ。空いっぱいに広がるぞー」 |

おひさまが下手に退場する。

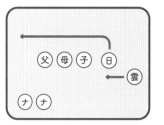

| チュー子 | 「雲さん、こんにちは！」 |

| 雲 | 「やあ、こんにちは！」 |

| お母さん | 「世界で一番強い雲さんにお願いがあります」 |

| お父さん | 「うちのチュー子を、
ぜひ雲さんのおよめさんにしてください」 |

| 雲 | 「わたしもチュー子ちゃんのことが大好きだ。
だけど、世界で一番強いのはわたしじゃないよ」 |

| チュー子 | 「えっ！ 雲さんよりも強いのはだれですか？」 |

| 雲 | 「それは、雲を吹き飛ばす風さんですよ」 |

風が上手から登場し、雲を隠すようにする。

| 雲 | 「わー、風が吹いてきた！」 |

| 風 | 「ヒューヒューヒュルルン、雲を吹き飛ばせ」 |

雲が下手に退場する。

| チュー子 | 「風さん、こんにちは！」 |

| 風 | 「やあ、こんにちは！」 |

| お母さん | 「世界で一番強い風さんにお願いがあります」 |

| お父さん | 「うちのチュー子を、
ぜひぜひ風さんのおよめさんにしてください」 |

| 風 | 「わたしもチュー子ちゃんのことが大好きだ。
だけど、世界で一番強いのはわたしじゃないよ」 |

| チュー子 | 「えっ！ 風さんよりも強いのはだれですか？」 |

| 風 | 「わたしがどんなに吹いても、壁さんはびくともしない。
壁さんにはかなわないね」 |

風は下手に退場する。
チュー子、お父さんとお母さんは舞台を
ぐるりとひとまわりする。

舞台に壁を出す。

アドバイス

風が雲を吹き飛ばす場面では、「ワァ〜」などと声を出しながら退場しましょう。

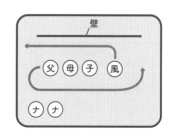

ナレーター	「そこで、みんなは壁さんのところへ行きました」
チュー子	「壁さん、こんにちは！」
壁	（裏から声のみ） 「ズンズンズン、やあ、こんにちは！」
お母さん	「世界で一番強い壁さんにお願いがあります」
お父さん	「うちのチュー子を、 ぜひぜひぜひ壁さんのおよめさんにしてください」
壁	「わたしもチュー子ちゃんのことが大好きだ。 だけど、世界で一番強いのはわたしじゃないよ」
チュー子	「えっ！ 壁さんよりも強いのはだれですか？」
ナレーター	その時です。壁をかじる音がしました。
チュー太	「ガリガリガリ、ガリガリガリ」
壁	「あいたた、いたたたた！　壁をかじるのはだれだー」

アドバイス

● 壁役は舞台には登場せず、保育者が裏からセリフを言います。

● 壁役のセリフは、ゆっくりと低い声で言いましょう。

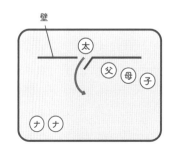

チュー太が壁の扉から登場する。

チュー太	「チューチューチュー、ネズミのチュー太です!」
チュー子	「まあ、チュー太くん」
チュー太	「あれ?　チュー子ちゃん」
お母さん	「世界で一番強いのは、ネズミさんだったんだね!」
チュー子	「チュー太くん大好き!」
父	「うちのチュー子をチュー太くんのおよめさんにしてください」
チュー太	「わーい、うれしいな!」
ナレーター	「こうして、チュー太くんとチュー子ちゃんは 結婚することになりました」

登場人物が全員登場する。

全員	「おめでとうの歌」に合わせて歌いながら踊る。

チュー太くん
大好き!

● CD39
➡楽譜P137

♫「おめでとうの歌」

おひさまよりも　雲さんよりも
風さんよりも　壁さんよりも
世界で一番強いのは
ネズミ　ネズミ　ネズミさん
しあわせいっぱい　おめでとう

アドバイス

● 前奏は両手を腰につけ、体
を左右に振ってリズムをと
ります。

● 後奏は両手を挙げて左右に
振ります。

1

おひさまよりも

両手を顔の横でキラキラ振る

2

くもさんよりも

手をグーにして、雲の形を描くように頭上にあげる

3

かぜさんよりも

両腕を伸ばし、左右に振る

4

かべさんよりも

手首を立てて、前へ押す動作を繰り返す

5

せかいでいちばん

両腕を大きく回す

6

つよいのは

手をグーにして、ひじを上下に動かし力こぶのポーズをする

7

ネズミ ネズミ
ネズミさん

両手を上げ、両足をそろえて左右に跳ぶ

8

しあわせ
いっぱい

頭上で両手をキラキラ振りながら下ろす

9

おめでとう

2回拍手をして、頭上にあげる

おしまい

● CD38　世界で一番強い人

作詞・作曲／浅野ななみ

♩=108

わたしがいちばん　すきなのは

せかいでいちばん　つよいひと　だれだれだ　れ

それはだれ　きーっとさがして　みつけよう

CD39

おめでとうの歌

作詞・作曲／浅野ななみ

♩=108

おひさまよりも　くもさんよりも　かぜさんよりも　かべさんよりも

せかいでいちばん　つよいのは　ネズミ ネズミ　ネズミさん

しあわせいっぱい　おめでとう

アリとキリギリス

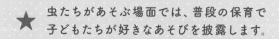

上演時間：10〜15分

脚本のあらすじ

森の中の虫たちが楽しそうにあそんでいますが、アリだけは冬にそなえて一生懸命食べ物を集めています。やがて冬になると、あそんでばかりだったキリギリスには、食べる物がありません。お腹を空かせたキリギリスは、食べ物をもらいにアリのところへ行き、これからはちゃんと働くと約束をしました。

ここがおもしろい

★ 虫たちがあそぶ場面では、普段の保育で子どもたちが好きなあそびを披露します。

★ それぞれの虫らしい衣装で世界観を感じ、動作もなりきって演じて楽しめます。

この劇あそびから経験してほしいこと

働き者のアリとあそんでいるキリギリスの違いに気付く。

寒くなって困ったキリギリスを助けるアリの気持ちを考える。

ハチやアリ、キリギリスの食べ物や生活に興味をもつ。

😊 登場人物

人数の目安

ナレーター	👤👤👤👤	4人
チョウ	👤👤👤👤	4人
ハチ	👤👤👤👤	4人
アリ	👤👤👤👤	4人
キリギリス	👤👤👤👤	4人

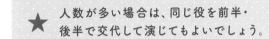

＼ 配役のポイント ／

★ ひとつの役のセリフを分担して、複数で演じます。

★ 人数が多い場合は、同じ役を前半・後半で交代して演じてもよいでしょう。

 ナレーター

 チョウ

 ハチ

 アリ

 キリギリス

✂ 準備するもの

★ 登場人物の衣装

衣装写真 …… P21-23
作り方 …… P199-200

★ ごちそう

材料：カラーポリ袋、段ボール箱、色画用紙、ひも

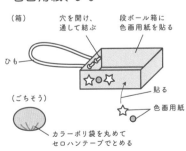

（箱）穴を開け、通して結ぶ　段ボール箱に色画用紙を貼る
ひも
☆○☆
貼る
色画用紙

（ごちそう）
カラーポリ袋を丸めてセロハンテープでとめる

☆同じものをアリ役の人数分作る

★ 草花と雪景色

材料：段ボール、色画用紙、お花紙、画用紙、キラキラ折り紙

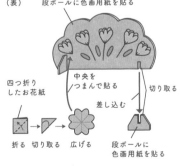

（表）段ボールに色画用紙を貼る

四つ折りしたお花紙
中央をつまんで貼る
切り取る
差し込む
折る　切り取る　広げる
段ボールに色画用紙を貼る

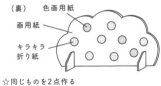

（裏）色画用紙
画用紙
キラキラ折り紙

☆同じものを2点作る

★ 家のドア

材料：段ボール、段ボール箱、色画用紙

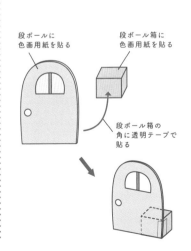

段ボールに色画用紙を貼る
段ボール箱に色画用紙を貼る
段ボール箱の角に透明テープで貼る

139

幕を開けると、舞台後方に草花(表面)、
草花の後ろにごちそうが置いてある。

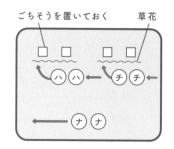

ナレーター 「森に温かい風が吹いて春がやってきました。」

ナレーターが下手に退場する。
チョウとハチが上手から登場する。

チョウ
ハチ 手を上下に動かし飛んでいるまねをしながら、
花の蜜を吸ったり、集めたりするしぐさをする。

チョウ 「きれいな花が咲いているわ」
「お花の蜜はおいしいわ」

ハチ 「ブーンブン、お花の蜜を集めよう」
「たくさん、たくさん集めよう」

チョウ
ハチ 「元気を出してはたらこう」に
合わせて歌いながら踊る。

CD40
→楽譜P148

♪「元気を出してはたらこう」

森の中は気持ちがいいね　風が吹いて木の枝揺れる
元気を出してはたらこう　春夏秋冬がんばろう

アドバイス
● 前奏は手を上下に動かして
飛ぶまねをするなど、それ
ぞれの虫の動きをします。
● 後奏ではみんないっしょに
「がんばろう」と言いましょう。

1

もりのなかは

足踏みをしながら胸の前から頭上へ
4回拍手する

2

きもちがいいね

左右に両足跳びをする

3

かぜがふいて

1を繰り返す

4

きのえだゆれる

両手を伸ばして左右に揺らす

5

げんきをだして

ひじを曲げて腕を前後に振る

6

はたらこう

力こぶのポーズを2回する

7

はるなつあきふゆ

5を繰り返す

8

がんばろう

6を繰り返す

チョウとハチが下手に退場する。
ナレーターが下手から登場する。

ナレーター	「おひさまがギラギラとまぶしい暑い夏になりました」

	アリが箱を引っ張りながら、上手から登場する。
アリ	「元気を出してはたらこう」（踊り方：P141）に 合わせて歌いながら踊る。

● CD40
→楽譜P148

♫「元気を出してはたらこう」

森の中は気持ちがいいね　風が吹いて木の枝揺れる
元気を出してはたらこう　春夏秋冬がんばろう

アドバイス

● ごちそうはアリの人数分を草花の後ろに用意しておきます。
● アリは、ごちそうを運びながら汗をふくしぐさをするなど、一生懸命に働くようすを表現してみましょう。

アリ	草花の後ろに置いてあるごちそうを 集めて箱の中に入れていく。 「ごちそう、たくさん集めよう」 「よいしょ、よいしょ、運びましょう。ふー」
アリ	箱についたひもを引っ張り、ごちそうを運ぶ。

	キリギリスが下手から登場する。
キリギリス	「あれ？　アリさん何しているの？」

<u>アリ</u>	「食べ物を集めているんだ」

<u>キリギリス</u>	「えー！食べ物なんかいっぱいあるよ」

舞台上のいろいろなところを指さしながら
「ほらあそこにも、ここにも……」

<u>アリ</u>	「冬になったら食べ物はなくなっちゃうよ」 「今のうちに、集めておかなくちゃ」

<u>キリギリス</u>	「平気だよ！ こんなに天気のいい日にはみんなであそぼうよ。 チョウさーん、ハチさーん」

チョウとハチが下手から登場する。

<u>キリギリス</u>	「アリさんもいっしょにあそぼう！」

<u>アリ</u>	「いえいえ、わたしたちは仕事の途中ですから……」

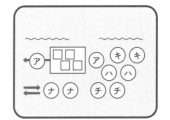

アリがごちそうの箱を運びながら下手に退場する。

キリギリス	「トンネルくぐって」に合わせて
チョウ	歌いながらあそぶ。
ハチ	

🔘 CD41
➡楽譜 P149

♫「トンネルくぐって」
「いとまきのうた」の替え歌

トンネルくぐって　　トンネルくぐって
シューッポッポッ　　シュッポッポッ
トンネルくぐって　　トンネルくぐって
シューッポッポッ　　シュッポッポッ
元気にあそぼう
おひさまきらきら　　楽しいね

2人組になり手をつないで並んで、トンネルをつくる。
その間をくぐり抜け、順番にトンネル役と交代していく

ナレーターが下手から登場する。

ア ド バ イ ス
人数が多い場合は、トンネルをいくつもつくったり、汽車のようにつながってくぐり抜けたりするなど、あそび方を工夫しましょう。

| ナレーター | その時です。森にスーッと冷たい風が吹きました。 |

ナレーターが下手に退場する。

| チョウ | 「あっ！ 秋の風だ。もうすぐ寒い冬がくる」 |

| ハチ | 「花が咲いているうちに、早く蜜を集めなくちゃ」 |

| チョウ | 「キリギリスさん、さようなら！」 |
| ハチ | |

チョウとハチは急いで上手に退場する。

キリギリス　下手に退場していきながら
「あれ？　みんな、いなくなっちゃった。
なーんだ。もっとあそぼうと思ったのに」

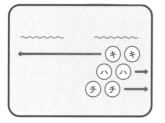

幕を下ろす。舞台中央に家のドアの設置。
草花は裏返して雪景色にする。

幕の前でナレーターが下手から登場する。

ナレーター　「森は冬になりました」

効果音「風の音」を流す。

🔘 CD 42　# 効果音 ♫「風の音」

アドバイス

「風の音」をしばらく流し、音量を下げてからナレーターがセリフを言います。そのあと、音量をさらに下げて消します。

ナレーター　「北風が吹いて、冷たい雪が降ってきました。
アリさんはどうしているでしょう」

幕を上げる。

アリ　ごちそうを持って食べるしぐさをする。

アリ　「あったかいねー。おいしいねー」
「おなかもいっぱい。しあわせいっぱい」

ナレーター	「おや？　雪の中を歩いているのはキリギリスさんです。寒くておなかはペコペコ、足もふらふらです」

キリギリスが下手から登場する。
ナレーターは下手に退場する。

キリギリス	「さむーい！」 「あっ、アリさんの家だ」 ドアをノックするしぐさをしながら 「トントン、アリさん！　すみません！　助けてください！」

アリ	ドアを開けて 「どうしたんですか？」

キリギリス	「おなかが減って歩けないんです」 「ちょっとだけ食べ物を分けてもらえませんか？」

おなかが減って…

どうしたんですか？

アリ	「そりゃあ大変だ！　さあ！　お入りなさい」

キリギリス	「ありがとう！」

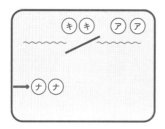
アリ	ごちそうをキリギリスに渡しながら 「どうぞ、召し上がれ」
キリギリス	「ああ、おいしい！　ほんとに助かりました！」 「ありがとう！　ありがとう！」 「これからはちゃんと働きます！」
	ナレーターが下手から登場する。
ナレーター	「また森に春がやってきました。 森の虫さんたちといっしょにキリギリスさんも 朝から元気にはたらいていますよ」
	登場人物全員が登場し、舞台中央に並ぶ。
全員	「元気を出してはたらこう」（踊り方：P141）に 合わせて歌いながら踊るうちに幕となる。

🔘 **CD40**
➡️ 楽譜P148

🎵「元気を出してはたらこう」

森の中は気持ちがいいね　風が吹いて木の枝揺れる
元気を出してはたらこう　春夏秋冬がんばろう

アドバイス
- フィナーレで全員が登場する際は、2人組になって手をつないで出てくるなど登場の仕方を工夫しましょう。
- 後奏は両手を大きく回して、頭上に伸ばします。

おしまい

CD40　元気を出してはたらこう

作詞・作曲／浅野ななみ

♩=110

もり　のなかは　きもちがいいね

かぜ　がふいて　きのえだゆれる　げん　きをだして　はたらこう

はる　なつ　あき　ふゆ　がん　ばろ　う

トンネルくぐって

「いとまきのうた」の替え歌

作詞／丸山ちか　デンマーク民謡

トン ネル くぐって　トン ネル くぐって

シューッ ポッ ポッ　シュッ ポッ ポッ　げ ん き に　あ そ ぼう

おひ さま きら きら　たの しい ね

149

世界の昔話「ヘンゼルとグレーテル」より

ヘンゼルとグレーテルと なぞなぞ魔法使い

上演時間：7〜12分

 脚本のあらすじ

ヘンゼルとグレーテルが、森の中でお菓子の家を見つけたところから始まります。お腹をすかせた2人はお菓子の家を食べてしまいます。怒った魔法使いが現れてなぞなぞを出します。答えられないと2人はお菓子にされてしまいます。お菓子たちにも応援されて、なんとか答えられたヘンゼルとグレーテルは、魔法使いと友だちになりました。

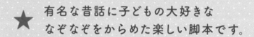
ここがおもしろい

★ 有名な昔話に子どもの大好きな なぞなぞをからめた楽しい脚本です。

★ お菓子に変えられていた子どもたちが 元の姿に戻るところも見どころです。

★ フィナーレの「なかよしになる言葉」の歌は、 全員で楽しく盛り上がります。

♥ **この劇あそびから経験してほしいこと**

息を合わせて セリフを言う楽しさを知る。

おもしろいなぞなぞを考えて、 メロディーに当てはめてみる。

おいしそうなお菓子の家を、 みんなで一緒に作る。

登場人物

人数の目安

役		人数
ナレーター	·············	4人
ヘンゼル	·············	4人
グレーテル	·············	4人
お菓子／子ども	··········	4人
魔法使い	·············	4人

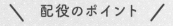

配役のポイント

★ ヘンゼルとグレーテルは、
2人一組になれるよう同人数にします。

★ 魔法使いを多人数で演じる際には、
セリフの分担を決めておきます。

ヘンゼル

グレーテル

お菓子

子ども

魔法使い

準備するもの

★ 登場人物の衣装

衣装写真··· P24-25
作り方········ P201

★ お菓子の家

材料：
段ボール、
色画用紙、
カラーポリ袋、
新聞紙、
プチプチシート、
たまごパック、
お花紙、
カラーテープ、
クラフトテープ

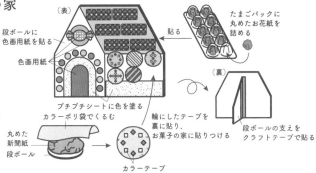

段ボールに
色画用紙を貼る

色画用紙

プチプチシートに色を塗る
カラーポリ袋でくるむ

丸めた
新聞紙
段ボール

カラーテープ

輪にしたテープを
裏に貼り、
お菓子の家に貼りつける

たまごパックに
丸めたお花紙を
詰める

貼る

（表）（裏）

段ボールの支えを
クラフトテープで貼る

★ 森

材料：段ボール、
色画用紙、
丸シール、
クラフトテープ

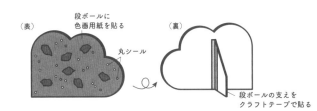

（表）

段ボールに
色画用紙を貼る

丸シール

（裏）

段ボールの支えを
クラフトテープで貼る

幕を開けると、舞台中央にお菓子の家、その左右に森がある。家の後ろにはお菓子役がかくれている。

ナレーター　「ヘンゼルとグレーテルが森の中を歩いていると、とってもおいしそうなお菓子の家を見つけました」

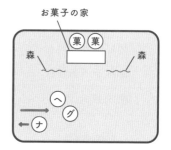

お菓子の家

ヘンゼルとグレーテルが手をつないで下手から登場する。
ナレーター退場する。

ヘンゼル　「ねえグレーテル、とってもあまいにおいがするね」

グレーテル　「お兄ちゃん、あそこにお菓子の家があるよ」

ヘンゼル　「わあ、おいしそう」

グレーテル　「ちょっとかじってみようか?」

家に駆け寄り、壁の部分をかじるまねをする。

ヘンゼル
グレーテル　「カリカリ……おいしーい!」

家の後ろから、お菓子が出てきて、2人を取り囲む。

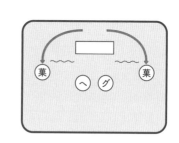

お菓子　「だめだめ、食べちゃだめ。これは魔法使いの家だよ」

お菓子　「世界一むずかしいなぞなぞを出す、こわーい魔法使いが住んでるの」

お菓子	「世界一いじわるな、なぞなぞを出すんだ。 答えられないと……」
お菓子	「ぼくたちみたいに、お菓子にされちゃうの。 エーン　エーン」
ヘンゼル	「えー、それはたいへんだ！」

ナレーターが登場する。

ジャーン

ナレーター	「みなさーん！　出かけていた魔法使いが 帰ってきましたよー」

CD 43

効果音 ♫「ぐるぐる音」

魔法使いが上手から登場する。

魔法使い	「ジャ　ジャ　ジャ　ジャーン！ わたしは魔法使い！　そこにいるのは、だれだい？」

ヘンゼル	「ぼ　ぼ　ぼくはヘンゼル」
グレーテル	「わたしは……グレーテル」

魔法使い	「このお菓子の家をかじっただろう！」
ヘンゼル グレーテル	「かじったりしてません」
魔法使い	「うそをつくんじゃない！！ ほっぺたにチョコレートがついているよ」
ヘンゼル グレーテル	あわててほほを触る。 「えっ、えっ……」
ヘンゼル グレーテル	「ごめんなさい、ちょっとだけ、かじりましたぁー」
魔法使い	「しょうがない子どもだね。 いいかい、世界一むずかしいなぞなぞを2つ出すよ。 答えられなかったら、お菓子にしちゃうからね」
ヘンゼル グレーテル	「ええっ！！　お菓子にされたら大変だ」
お菓子	「がんばれ、ヘンゼルとグレーテル」

♬「なぞなぞソング」

CD44
→楽譜P160

1番

「さいしょのもんだい」
パンはパンでも　食べられない
食べられないパン　なーんだ
ヘッヘッヘッ　わかるかな

1

パンはパンでも
たべられない

手を大きく振りながらひとまわりする

2

たべられないパン
なーんだ

ヘンゼルたちに向かって右手をうずまき
状にまわす

3

ヘッヘッヘッ
わかるかな

得意そうに両手を広げてポーズをする

魔法使いが歌い踊りながら問題を出す。

ヘンゼル
グレーテル　「パンはパンでも食べられないパン…

……なんだろう……困ったなぁ」

お菓子　「ヘンゼル……よーく考えて」

お菓子　「グレーテル……台所にあるものだよ」

お菓子は2人にささやくように、ヒントを出す。

ヘンゼル
グレーテル　「わかった！　食べられないパンは……フライパンだ！」

155

| 魔法使い | 「ひぇっ、あたりだぁ」 |

手をたたいて喜びながら、

| お菓子 | 「わーい　わーい　すごいぞ、大あたり」 |

| 魔法使い | 「うーん、くやしい。次の問題」 |

 CD 45
→楽譜P160

♫「なぞなぞソング」

2番

「さいごのもんだい」
イスはイスでも　座れない
座れない　イス　なーんだ
ヘッヘッヘッ　わかるかな

「なぞなぞソング」1番（踊り方：P155）と
同じ振りで踊る。

| ヘンゼル グレーテル | 「イスはイスでも座れない……なんだろう
……困ったなぁ」 |

| お菓子 | 「ヘンゼル……よーく考えて」 |

| お菓子 | 「グレーテル……からくておいしい食べものだよ」 |

| ヘンゼル グレーテル | 「わかった！　座れないイスは……カレーライスだ！」 |

| 魔法使い | 「ひええぇぇ～～っ！　あたりだぁ」 |

びっくりしてのけぞる。

| お菓子 | 「わーい　わーい　すごいぞ、大あたり」 |

1回目より更に大きく手をたたく。

| ヘンゼル | 「それじゃ今度は、ぼくたちがなぞなぞを出すよ」 |

| グレーテル | 「世界一いじわるなつかいってだれでしょう？」 |

| 魔法使い | 「えっ？　いじわる……？……つかい？
うーんと、えーっと。何のことだかわからなーい。
答えを教えて！」
魔法使いは、「いじわるつかい？　いじわるおつかい……
うーんとえーっと」など、自由にブツブツ言いながら
ひとまわりをする。 |

うーんと　えーっと

| ヘンゼル
グレーテル | 「答えは、世界一いじわるななぞなぞを出す
魔法使い……あなたのことですよ」 |

| 魔法使い | 「ひええぇぇ～～っ！」 |

| お菓子 | 「わーい　わーい、魔法使いが負けたよ、
わーい　わーい」 |

口々に言いながら、お菓子の家の後ろに退場する。
お菓子役は、お菓子の家の後ろに隠してあった
ベストとズボンに着替えて子どもの姿に変身する。

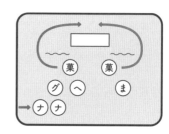

魔法使い
「私はいじわるなんかじゃないよ、シクシク。
なぞなぞが大好きな、友だちがほしかったの…シクシク
ウェーン、ウェーン、ウェーン」
魔法使いは、泣き出す。

ヘンゼル
「そうだったのか…
魔法使いさんっていじわるじゃないんだね」

グレーテル
「もう泣かないで」

ナレーターが登場する。

ナレーター
「そのときです。家の中から、元の姿に戻った
子どもたちが出てきました」

子ども役に変身した子どもたちが、
お菓子の家の後ろから登場する。

お菓子
「わーい　わーい、魔法がとけた！
ヘンゼル、グレーテル、ありがとう！」

ヘンゼル
「あのね、魔法使いさんは、
本当はお友だちがほしかったんだって」

グレーテル
「ねえみんな、魔法使いさんになかよしになる
魔法の言葉を教えてあげましょう」

お菓子	「うん、そうしよう」

魔法使い	「みんな……ありがとう」

全員で手をつなぎ、列になる。

CD 46
➡楽譜P161

♫「なかよしになる言葉」

友だちに　なりたい人は
大きな声で　言ってみようよ
いっしょにあそぼ　いっしょにあそぼ
それが　魔法の言葉だよ

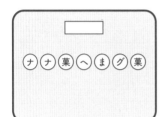

1

ともだちに
なりたいひとは

手をつないで、8歩前進する

2

おおきなこえで
いってみようよ

その場で4回ジャンプをする

3

いっしょにあそぼ
いっしょにあそぼ

両手で自由に、おいでおいで
をする

4

それが
まほうのことばだよ

両手を交差させ、大きく2回ま
わす

ナレーター	「こうして魔法使いは、友だちがたくさんできて、やさしい魔法使いになりましたよ。よかったね」

後奏に合わせてセリフを言い幕となる。

おしまい

CD44　1番
CD45　2番

なぞなぞソング

作詞／作曲　佐倉智子

1.「さいしょの　もんだい」
2.「さいごの　もんだい」

1.パン は パン でも　たべられない すわれな い
2.イス は イス でも

たべられないパン　なー　ん　だ　ヘッ　ヘッ　ヘッ　わ か る か な
すわれないイス

なかよしになる言葉

CD46

作詞／作曲　佐倉智子

♩=112

ともだちに　なりたいひとは　おおきなこえで　いってみようよ

いっしょにあそぼ　いっしょにあそぼ　それがまほうの　ことばだよ

世界の昔話「アリババと40人の盗賊」より

アリババと宝の山

上演時間：10〜15分

 脚本のあらすじ

アリババは、魔人たちが山の中に、宝をかくしているのを見つけます。その扉を開ける呪文は「開け、ゴマ」。宝のうわさを聞いた村人が、山の中にやってきましたが、呪文を忘れたため開きません。魔人に見つかった村人は、魔法で石にされてしまいます。アリババはみんなを助けることができるでしょうか？

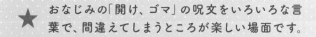 ここがおもしろい

★ おなじみの「開け、ゴマ」の呪文をいろいろな言葉で、間違えてしまうところが楽しい場面です。

★ 魔法をかけられて石にされた村人の動作も、楽しい見どころです。

 この劇あそびから経験してほしいこと

「ご」以外でも、いろいろな言葉の頭音を集めてみる。

石になった村人の、固まった姿や魔法がとける演技をみんなで楽しむ。

お話の世界を想像して、イメージを広げる。

登場人物

人数の目安

ナレーター	・・・・・・・・・・・・・・・・・・・・・・	4人
アリババ	・・・・・・・・・・・・・・・・・・・・・・・・・	1人
オウム	・・・・・・・・・・・・・・・・・・・・・・・・・・	1人
魔人	・・・・・・・・・・・・・・・・・・・・・・・・・・・	3人
村娘	・・・・・・・・・・・・・・・・・・・・・・・・・・・	3人
村人	・・・・・・・・・・・・・・・・・・・・・・・・・・・	3人

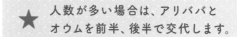

\ 配役のポイント /

★ 魔人は悪役ですが、ダイナミックな
踊りなどで役の魅力を伝えましょう。

★ 人数が多い場合は、アリババと
オウムを前半、後半で交代します。

ナレーター　　　　　　アリババ　　　　オウム　　　　　魔人　　　　　村娘　　　　　村人

✂ 準備するもの

★ **登場人物の衣装**

衣装写真・・・ P26-28
作り方・・・ P202-203

★ **金貨**

（丸く切った段ボールに
金の折り紙を貼ったもの）

★ **宝石**

（カラーポリ袋を丸めて
セロハンテープで
とめたもの）

★ **宝を入れる袋**

（カラーポリ袋）

★ **宝箱**

材料：空き箱、色画用紙、キラキ
ラテープ

フタ付きの空き箱に色画用紙を貼る

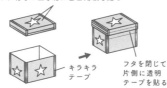

キラキラ
テープ

フタを閉じて
片側に透明
テープを貼る

★ **岩**

材料：段ボール、色画用紙、
クラフトテープ

（表）

段ボールに
色画用紙を貼る

（裏）

段ボールの支えを
クラフトテープで貼る

★ **宝の山の背景**

材料：模造紙、色画用紙、
キラキラ折り紙

模造紙

色画用紙　　　キラキラ折り紙

★ **宝の山の扉**

材料：段ボール、段ボール箱、色画用紙、
ひも、クラフトテープ

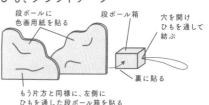

段ボールに
色画用紙を貼る

段ボール箱

穴を開け
ひもを通して
結ぶ

裏に貼る

もう片方と同様に、左側に
ひもを通した段ボール箱を貼る

アリババと宝の山 脚本

綴帳に宝の山の背景をつけておく。
幕を開けると前方に岩、舞台中央に宝の山の扉があり、
後ろには宝箱がかくしてある。
宝の山の扉の前には金貨をおく。

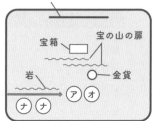

宝の山の背景画

ナレーター

「むかしむかし、アリババという元気な若者がいました。
ある日、アリババが仲よしのオウムといっしょに山を
歩いていると、光るものを見つけました。」

アリババとオウムが下手から登場する。

オウム

「これは金貨じゃないか！」

アリババ

金貨を拾い上げながら
「だれが落としたんだろう？」

ナレーター

「その時、大きな足音がしました。」

アリババ
オウム

驚いて岩の後ろに隠れる。

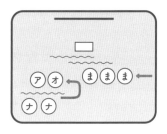

魔人が宝の入った袋を持って上手から登場する。

魔人

袋を置き「宝の山の歌」に合わせて歌いながら踊る。

CD 47

→楽譜P174

カラオケ

CD 55

♫「宝の山の歌」

ダンドド　ダンドド　ダンドンドン
金貨に宝石　宝の山だ
魔法の言葉で　扉が開く
ダンドド　ダンドド　ダンドンドン
ダンドド　ダンドド　ダンドンドン

ア ド バ イ ス

● 魔人は足を踏み鳴らしな
がら登場します。

● 後奏は両手を回しながら、
魔法をかけるようなしぐさを
します。

1

ダンドド　ダンドド
ダンドンドン

両手をひざにつけ、2拍に1
回、片足ずつ交互に上げる

2

きんかにほうせき
たからのやまだ

両足のひざを曲げ、両手でひざ
をたたきながら、体を左右に揺
する

3

まほうのことばで
とびらがひらく

両手をグーにして、一方を前
に突き出し、もう片方を胸の
前に引き寄せる動作を交互に
繰り返す

4

ダンドド　ダンドド
ダンドンドン

1と同様に行う

魔人　「開け、ゴマ!」

効果音「扉が開く音」を流しながら、
ひもを左右に引っ張り宝の山の扉を開ける。

◉ CD 48　効果音 ♫「扉が開く音」

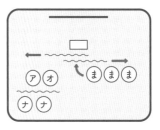

魔人　宝の山の中に入っていく。

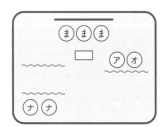

アリババ　「わぁー!すごーい!　ここは魔人の山だ」

オウム　「そーっと中に入ってみよう」

アリババ　宝の山の中に入っていく。
オウム

165

| ナレーター | 山の中には、金貨や宝石など宝物がいっぱいです。 |

| 魔人 | 袋から金貨を取り出し、宝箱に入れる。 |

| 魔人 | 「金貨いっぱい！ ウッシッシ」 |

| 魔人 | 「宝石いっぱい！ ウッシッシ」 |

| 魔人 | 「もっともっと取りに行こう」 |

| 魔人 | 「行こう！ 行こう！」 |

| オウム | 「あれは魔人が盗んだ宝なんだ」 |

| アリババ | 「捕まったら大変だ。早く逃げよう！」 |

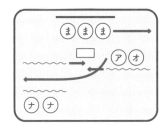

魔人が上手に退場する。
その後、アリババとオウムも下手に退場する。
宝の山の扉を閉じる。

ナレーター 「宝の山のうわさを聞いた村の娘たちが
山へやってきました」

村娘が下手から登場する。

村娘 「ここに宝物があるんだって」

村娘 「扉を開ける魔法の呪文は、なんだっけ」

村娘 「たしか『ご』がついているのよ」

村娘 「開けー、ゴボウ?」

村娘 「そう、それよ」

村娘 「いち、にのさん、開けー、ゴボウ!」

ナレーター 「扉はびくとも動きません。そこに魔人が現れました」

魔人が上手から登場する。

魔人 「何をしている」

アドバイス

● 魔法の呪文を思い出すと
ころは、考えながらゆっく
り言います。
●「ご」のつく言葉を子どもた
ちで考えて、セリフに加えて
もよいでしょう。

\ 開けー、ゴボウ! /

| 魔人 | 「宝を取りに来たな」 |

| 魔人 | 「お前たちを石に変えてやる」 |

| 村娘 | 「キャー、助けてー」 |

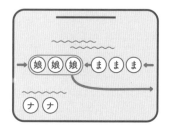

魔人は村娘をつかまえ、いっしょに上手に退場する。

| ナレーター | 「次にやってきたのは、村人たちです」 |

| 村人 | 「やっと宝の山に着いたぞ」 |

| 村人 | 「魔法の呪文は『開けー、ゴリラ』だっけ？」 |

| 村人 | 「違う、違う。『開けー、ごはん』だよ」 |

| 村人 | 「違う、違う。『開けー、ごちそう』だ」 |

アドバイス
「ゴリラ」「ごはん」「ごちそう」など「ご」の付く言葉がキーワードなので、それぞれの言葉をはっきり聞こえるように言いましょう。

| 村人 | 「そう、それだ」 |

| 村人 | 「いち、にのさん、開けー、ごちそう！」 |

| ナレーター | 「扉はびくとも動きません。そこに魔人が現れました」 |

魔人が上手から登場する。

魔人 「何をしているんだ」

魔人 「宝を取りに来たな！」

魔人 「お前たちを石に変えてやる」

村人 「助けてー」

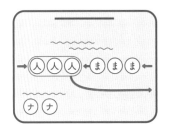

魔人は村人をつかまえ、いっしょに上手に退場する。

ナレーター 「村の人たちが帰ってこないので、
心配したアリババは、山にやってきました」

アリババとオウムが下手から登場する。
宝の山の扉の後ろに、魔人、村娘、村人は待機しておく。

アリババ 「みんなどうしたんだろう」

オウム 「中に入ってみよう」

アリババ 「開けーっ、ゴマ！」

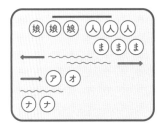

効果音「扉が開く音」を流しながら、
ひもを左右に引っ張り宝の山の扉を開ける。

効果音 ♫「扉が開く音」

村娘 村人	動かずにじっとしている。
魔人	ひじをついて寝転がっている。
アリババ	「あれ？　村の人たちだ。固まってる！」
オウム	「魔法で石にされたんだ」
アリババ	「どうやったら魔法がとけるんだろう」
オウム	「魔人の帽子を取ったら、きっと魔法がとけるよ」
アリババ	魔人にそっと近づきながら 「よし、やってみよう！」

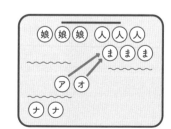

アリババ	寝ている魔人の帽子をとりながら 「それ、それ、それ！」
魔人	驚いて起き上がり、両手で頭を押さえる。

\何をするんだ/

魔人	「何をするんだ！」
魔人	「帽子がないと魔法がとけちゃう！」
魔人	「帽子がないと魔法がかけられない！」
魔人	「帽子を返せ！」
アリババ	魔人の帽子をオウムに手渡す。 「それ！」

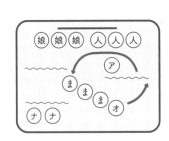

オウム	魔人の帽子を持ち、 舞台を一回りしてから上手に退場する。 「逃げろ〜」
魔人	オウムを追いかけて一回りしてから上手に退場する。 「待て〜」
ナレーター	「するとどうでしょう」

効果音「魔法がとける音」を流す。

● CD 49

効果音 ♫「魔法がとける音」

ナレーター
「帽子をとられた魔人がいなくなったとたん、
村のみんなの魔法がとけて元通り」

村娘
村人
固まっていた体を動かし、手をグーパーさせたり
足を上げ下げしたりして、手足の動きを確かめる。

村人
「あっ。元に戻ったぞ」

村娘
「わーい。助かったわ」

村娘
村人
「アリババさん、ありがとう」

わーい
助かったわ

ナレーター
「アリババと村の人たちは、
無事に村へ帰ることができました。
あの魔人たちは、
今でも魔法の帽子を探し回っているということです。」

全員が舞台に登場。
「みんなで踊りましょうの歌」に
合わせて歌いながら踊る。

CD 50
→楽譜P175

カラオケ
CD 56

♫「みんなでおどりましょうの歌」

1番 魔法がとけて　よかったね
　　　アリババさん　ありがとう
　　　みんなで　楽しく　おどりましょう

2番 魔法がとけて　よかったね
　　　アリババさん　ありがとう
　　　みんなで　おうちに　帰りましょう

後奏で全員で手をつなぎ上にあげているうちに、幕となる。

1 1番

まほうがとけて
片手を腰につけ、もう一方の手のひらを上に向け、斜め上へ動かす動作を2回行う

2

よかったね
左右の手を入れ替えて、1と同様に行う

3

アリババさん
足踏みをしながら両手を前から上げる

4

ありがとう
両手を頭上でキラキラ振る

5

みんなで
片手を肩にのせ、もう一方の手を前へ伸ばす

6

たのしく
左右を入れ替えて、5と同様に行う

7

おどりましょう
両手を腰につけてから「しょう」で片手を上げる

8 2番

まほうがとけて〜
かえりましょう
1番と同様に行う

おしまい

CD47
CD55 カラオケ

宝の山の歌

作詞・作曲／浅野ななみ

ダン ド ド ダン ド ド　ダン ドン ドン

きん か に ほう せき　たから の やま だ　ま ほう の こと ば で

と び ら が ひらく　ダン ド ド ダン ド ド　ダン ドン ドン

CD50

CD56　カラオケ

みんなでおどりましょうの歌

作詞・作曲／浅野ななみ

1.2. まほうがとけて　よかったね

アリババさ　　ん　ありがとう

みんなでたのしく　おどりましょう
みんなでおうちに　かえりましょう

rit.

5
歳児

アリババと宝の山

175

日本の昔話「かさじぞう」より

ありがとう！かさ地蔵さま

上演時間：10〜15分

📖 脚本のあらすじ

寒い冬の日、貧しい家のおじいさんとおばあさんは、すげ笠を売りに行きましたが、まったく売れませんでした。帰る途中、雪だらけのお地蔵さまに、持っていた笠をかぶせてあげました。ひとつ足りなかったので、おじいさんのかぶっていたてぬぐいをかぶせました。その夜、お地蔵さまが御礼の品を届けてくれ、おじいさんたちは幸せに暮らしました。

ここがおもしろい

★ 動かないお地蔵さまが、動いたり話したりするのを楽しみます。

★ 最後は、全員で歌って踊るミュージカルのような大団円です。

♡ この劇あそびから経験してほしいこと

動かないはずのお地蔵さまが、動くユーモラスを楽しむ。

おじいさんが自分のてぬぐいを、お地蔵さまにかぶせた気持ちを考える。

お地蔵さまが宝物をもってきてくれた気持ちを考える。

登場人物

人数の目安

おじいさん ・・・・・・・・・・・・・	👤 1人
おばあさん ・・・・・・・・・・・・・	👤 1人
キツネ ・・・・・・・・・・・・・・・・・	👤👤👤 3人
ウサギ ・・・・・・・・・・・・・・・・・	👤👤👤 3人
お地蔵さま ・・・・・・・・・・・・・	👤👤👤👤👤👤 6人
ナレーター ・・・・・・・・・・・・・	👤👤👤👤 4人

（雪のついたて補助　保育者2名）

\ **配役のポイント** /

★ お地蔵さまの数は、子どもの人数に合わせます。すげ笠はそれより1つ少なく作ります。

★ 原作では、おじいさんが笠を売りに行きますが、この劇ではおばあさんもいっしょに行き、セリフのかけあいを展開します。

おじいさん

おばあさん

キツネ

ウサギ

お地蔵さま

準備するもの

★ **登場人物の衣装**

衣装写真・・・ P29-30
作り方・・・・・・・・ P204

★ **宝物（米俵・鏡もち・ダイコン・魚）**

材料：プチプチシート、色画用紙、カラーポリ袋、スズランテープ

スズランテープを結ぶ
貼る
貼る
色画用紙（黄）
筒状に丸めたプチプチシートをカラーポリ袋（黄）でくるんで両端を貼りとめる

色画用紙
テープで貼る
丸めたプチプチシートをカラーポリ袋（橙）で包む
丸めたプチプチシートをカラーポリ袋（白）で包む

カラーポリ袋
プチプチシートをやさいの形に丸め、カラーポリ袋でくるんで貼りとめる

カラーポリ袋
色画用紙
しばる
丸めたプチプチシートをカラーポリ袋でくるむ

★ **雪**　材料：段ボール、色画用紙、クラフトテープ

（表）
段ボールに色画用紙を貼る
★人数にあわせて大きさを決める

（裏）
段ボールの支えをクラフトテープで貼る

幕を開けると、舞台中央に雪のついたてがあり、
後ろにはお地蔵さま役がかくれている。

ナレーター

「むかしむかし、山奥に、貧乏だけど
とても心のやさしいおじいさんとおばあさんが
住んでいました」

ナレーターが退場する。
下手から、ほおかむりをして
かごを背負ったおじいさんと
おばあさんが出てくる。
手にはすげ笠をひとつ持っている。

おじいさん

「もうすぐお正月だなー」

おばあさん

「うちには、食べるものがありませんよ」

おじいさん
おばあさん

すげ笠を客席に見せながら
「このすげ笠を村に売りに行きましょう」

おじいさん

「こんなりっぱな笠だから、きっとたくさん売れるよ」

| おばあさん | 「そうですね。さあさあ、早く行きましょう…行きましょう」 |

2人は手に持ったすげ笠を振りながら、
口々に「行きましょう」と言いながら歩く。

| ナレーター | 「そこへウサギとキツネがやってきました」 |

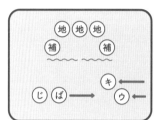

ウサギとキツネが上手から登場する。

| ウサギ キツネ | 「おじいさん、おばあさん、こんな寒い日にどこへ行くの？」 |

| おじいさん | 「村にすげ笠を売りに行くんだよ」 |

| おばあさん | 「お正月に食べるおいしいものを買ってくるからね」 |

| ウサギ | 「ピョーンピョーン、楽しみだなぁ。いってらっしゃーい」 |

| キツネ | 「コンコーン、楽しみだなぁ。いってらっしゃーい」 |

| おじいさん おばあさん | 「いってくるよーっ」 |

ウサギとキツネが、手を振って見送る。
おじいさんおばあさんは、いってくるよーっと手を振る。
数回繰り返しながら、おじいさんとおばあさんは舞台を
ひとまわりして下手に退場する。
ウサギとキツネは上手に退場する。

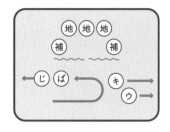

CD 51 **BGM 🎵「何かなの音楽」**

曲とともにナレーターが登場する。

ナレーター　「みなさん、雪の間から……何か見えませんか」

補助の保育者が雪のついたてを左右に引き、
お地蔵さまを見せる。

ナレーター　「そうです、お地蔵さまです……あれ？
何か言っていますよ」

手が
つめたーい

お地蔵さま　「う〜〜っ　ぶるぶる　寒い、寒い。
雪の中に立っていると寒ーい」

口々に「寒い」と言いながら、舞台中央まで進む。
雪のついたては閉じる。

足が
つめたーい

お地蔵さま　「手がつめたーい　ぶるぶるぶる」

お地蔵さま　「足がつめたーい　ぶるぶるぶる」
セリフにあわせ、手や足を自由に振る。

お地蔵さま
…………………

「でも、頭が一番つめたーい」
頭を両手で押さえて自由に震える。

あたまが
つめたーい

お地蔵さま
…………………

「おや、だれかきましたよ」

お地蔵さま
…………………

「動いちゃだめですよ」

お地蔵さまは全員動きを止める。
上手から、ウサギとキツネが登場する。

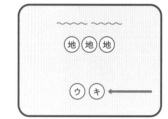

地 地 地

ウ キ ←

 CD 52

➡楽譜P186

カラオケ

CD 57

♫「かえってくるよの歌」

もうすぐ　もうすぐ　かえってくるよ
おじいさん　おばあさん
かえってくるよ
おいしい食べもの　いっぱいもって
かえってくるよ

1

もうすぐ　もうすぐ
かえってくるよ

右を向き、両手で両ひざを1
回たたいたら、両手を上げる、
そのとき片足はつま先を上げ
る。これを繰り返す

2

おじいさん　おばあさん
かえってくるよ

1を左向きで行う

3

おいしいたべもの
いっぱいもって

円を描くように4回拍手する

4

かえってくるよ

1を正面向きで行う。最後上げ
た手は頭上でキラキラ振る

ウサギとキツネが歌い踊る。
お地蔵さまもつられて足を使わず手だけで踊る。

| ウサギ
キツネ | 下手を指さしながら
「あっ、おじいさんとおばあさんだ！」 |

下手から、とぼとぼとおじいさんと
おばあさんが登場する。
手にはすげ笠を持っている。

| おじいさん | 「ウサギや……すげ笠はひとつも売れなかった。
フゥーッ。(ため息をつく)ごめんね」 |

ごめんね

| おばあさん | 「キツネや……お正月の食べものを買えなかった。
フゥーッ。(ため息をつく)ごめんね〜」 |

| ウサギ
キツネ | 「いいんですよ、おじいさん、おばあさん」 |

全員お地蔵さまの方を見る。

| おじいさん
おばあさん | 「おや、こんなところにお地蔵さまが！
寒そうですね……そうだ！
このすげ笠をかぶせてあげましょう」 |

| ウサギ
キツネ | 「それがいい、それがいい」 |

おじいさんとおばあさん、ウサギとキツネは、
お地蔵さまたちにすげ笠をかぶせるが、
ひとつすげ笠が足りないことに気がつく。

おじいさん
「すげ笠が足りないぞ…なら、
このてぬぐいをかぶせてあげましょう」

ウサギ
キツネ
おばあさん
「それがいい、それがいい」

おじいさんは自分がかぶっていたてぬぐいを、
最後のお地蔵さまにかぶせる。
全員、お地蔵さまと向き合うように立つ。

全員
「お地蔵さま、さようなら（頭を下げる）。
さようなら　さようならーっ」

お地蔵さまに手を振りながら、
ウサギとキツネは上手に退場する。
おじいさんとおばあさんはかごを取り、下手に退場する。

⊙ CD 51　**BGM ♫「何かなの音楽」**

BGMとともに、お地蔵さまは雪のついたての後ろに隠れ、
同時にナレーターが登場する。

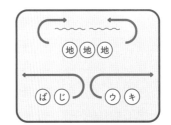

ナレーター
「その夜のことです。
おじいさんとおばあさんの家の前に、
にぎやかな声が聞こえてきました」

雪のついたてが左右に開き、
お地蔵さまが米俵・もちなどを持って登場する。

♬「お地蔵さまの歌」

おじいさん　おばあさん　ありがとう
笠のおかげで　あったかい
やさしい心をありがとう
ソーレ　ソレ　ソレ　ヨーイトナ
ドッシーーン

CD 53
→楽譜P186
カラオケ
CD 58

歌うようにセリフを言いながら進み、
ドッシーーンで舞台中央に宝物を置き、
ついたての前に立つ。

おじいさん
おばあさん
「なんだ　なんだ」
下手からかけてくる。

ウサギ
キツネ
「どうした　どうした」
上手からかけてくる。

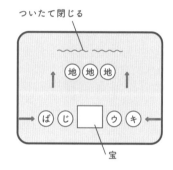

ついたて閉じる

全員
「わあ!!　宝物がいっぱい、おいしいものがいっぱい。
お地蔵さま、ありがとう」

宝物の前で口々にありがとうと言う。

CD 51

BGM ♬「何かなの音楽」

曲とともにナレーターが登場する。

ナレーター
「こうしておじいさんとおばあさん、
ウサギやキツネたちも、
楽しいお正月を迎えることができました」

音楽とナレーションの間に、
6～7人ずつで手をつなぎ、列になる。
お地蔵さまを後列にして客席から見やすい位置に立つ。

→楽譜P187

CD 54

カラオケ
CD 59

♫「しあわせくるくるの歌」

どんなに　寒い冬だって
やさしい心が　春をよぶ
むかしむかしの　ものがたり
しあわせ　くる　くる
か・さ・じ・ぞ・う

後奏に合わせ全員で手を振るうちに、幕となる。

1

どんなにさむいふゆだって

手をつないだまま、その場で軽くとぶ。

2

やさしいこころが
はるをよぶ

前進しながら手を上げる

3

むかしむかしの
ものがたり

足踏みしながら手を下ろす

4

しあわせ　くる　くる

1と同様に行う

5

か・さ・じ・ぞ

大きく4回拍手をする

6

う

「う」で両手を上げて振る。このとき一列目は、片膝をついて座る。

おしまい

CD52
CD57 カラオケ

かえってくるよの歌

作詞・作曲／佐倉智子

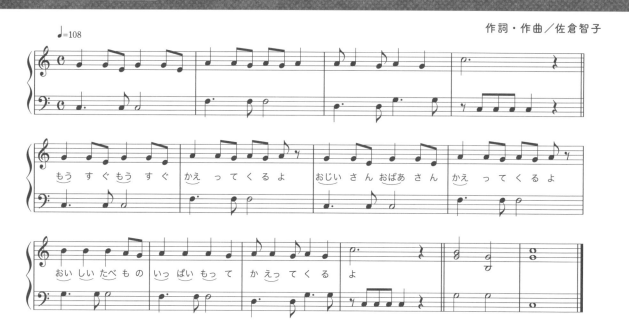

もう すぐもう すぐ　かえ ってくるよ　おじい さんおばあ さん　かえ ってくるよ

おい しいたべもの　いっ ぱいもって　かえ ってくる　よ

CD53
CD58 カラオケ

お地蔵さまの歌

作詞・作曲／佐倉智子

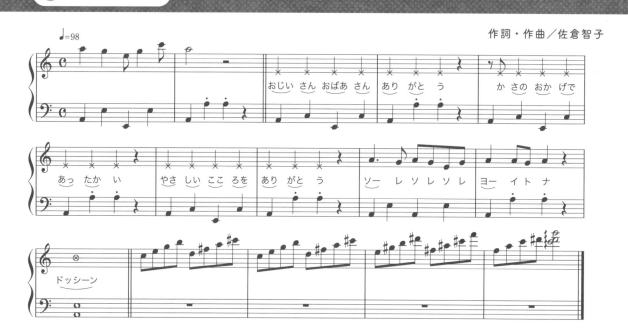

おじい さんおばあ さん　あり がと う　かさの おか げで

あっ たか い　やさ しいこころを　あり がと う　ソー レソレソレ　ヨー イトナ

ドッシーン

CD54

CD59 カラオケ

しあわせくるくるの歌

作詞・作曲／佐倉智子

♩=108

どんなにさむい ふゆだって やさしいこころが はるをよぶ

むか しむかしの ものがたり しあわせくるくる か さ

じ ぞ う

衣装の作り方

衣装には基本形があります

ベスト

前開き・後ろ開き

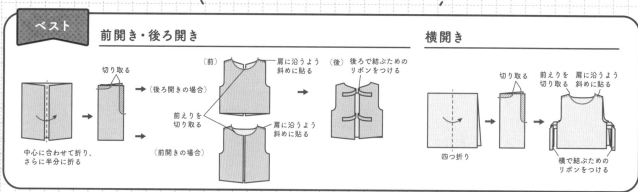

切り取る

中心に合わせて折り、さらに半分に折る

→ （後ろ開きの場合）

前えりを切り取る

→ （前開きの場合）

（前）肩に沿うよう斜めに貼る

肩に沿うよう斜めに貼る

（後）後ろで結ぶためのリボンをつける

横開き

切り取る

四つ折り

前えりを切り取る　肩に沿うよう斜めに貼る

横で結ぶためのリボンをつける

ワンピース

後ろ開き

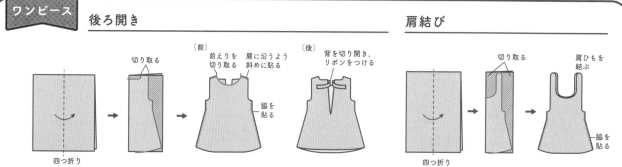

四つ折り

切り取る

（前）前えりを切り取る　肩に沿うよう斜めに貼る　脇を貼る

（後）背を切り開き、リボンをつける

肩結び

切り取る

四つ折り

肩ひもを結ぶ

脇を貼る

スカート

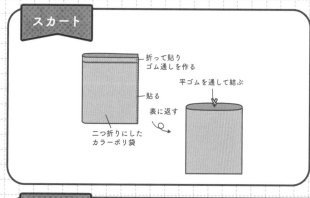

折って貼りゴム通しを作る

貼る

二つ折りにしたカラーポリ袋

表に返す

平ゴムを通して結ぶ

パンツ

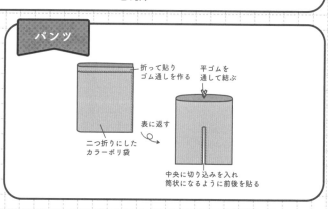

折って貼りゴム通しを作る

平ゴムを通して結ぶ

二つ折りにしたカラーポリ袋

表に返す

中央に切り込みを入れ筒状になるように前後を貼る

和服

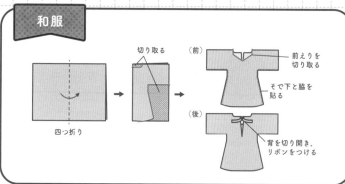

切り取る

四つ折り

（前）前えりを切り取る　そで下と脇を貼る

（後）背を切り開き、リボンをつける

土台はカラーポリ袋と不織布から！

ポンポコ山の たぬきさん
● カラー衣装写真 P4
● 脚本 P36-41

星の子ピカリン
● カラー衣装写真 P5
● 脚本 P42-47

たぬき

型紙 P205

材料
カラーポリ袋、色画用紙、
ビニールテープ、キラキラテープ、
フェルト、カラー帽子

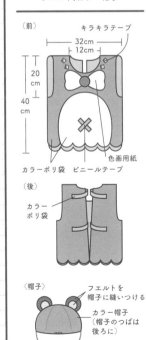

（前）
キラキラテープ
32cm
12cm
20cm
40cm
カラーポリ袋　ビニールテープ
色画用紙

（後）
カラーポリ袋

（帽子）
フェルトを帽子に縫いつける
カラー帽子（帽子のつばは後ろに）

星の子

材料
カラーポリ袋、色画用紙、
カラー工作用紙、平ゴム

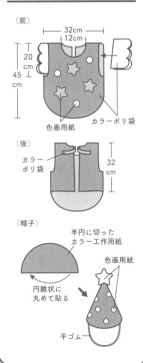

（前）
32cm
12cm
20cm
45cm
色画用紙
カラーポリ袋

（後）
カラーポリ袋
32cm

（帽子）
半円に切ったカラー工作用紙
色画用紙
円錐状に丸めて貼る
平ゴム

ナレーター

材料
不織布、色画用紙

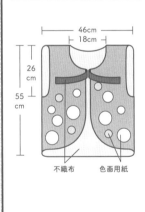

46cm
18cm
26cm
55cm
不織布　色画用紙

小鳥と飛行機

型紙 P205

材料
色画用紙、片ダンボール、
カラーテープ、ゴムひも

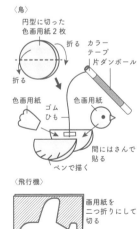

〈鳥〉
円型に切った色画用紙2枚
折る
カラーテープ　片ダンボール
折る
色画用紙　色画用紙
ゴムひも
間にはさんで貼る
ペンで描く

〈飛行機〉
画用紙を二つ折りにして切る
ゴムひもを間にはさんで貼る
片ダンボール　カラーテープ
折る　色画用紙

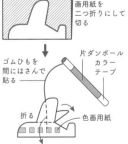

- カラー衣装写真 P6
- 脚本 P48-55

- カラー衣装写真 P7
- 脚本 P56-61

イヌ・ネコ・ネズミ

型紙
P205

ヒヨコ

ニワトリ

型紙
P206

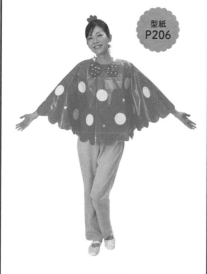

材料

カラーポリ袋、色画用紙、丸シール、輪ゴム

材料

カラーポリ袋、不織布シール、丸シール、
スズランテープ、カラー帽子

材料

カラーポリ袋、色画用紙、フェルト、
キラキラテープ、丸シール、カチューシャ

〈ベスト共通〉

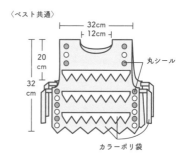

32cm
12cm
20cm
32cm
丸シール
カラーポリ袋

〈ベスト共通〉

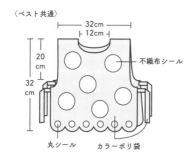

32cm
12cm
20cm
32cm
不織布シール
丸シール
カラーポリ袋

切り込み
カラーポリ袋を
切る

130cm
130cm

カラーポリ袋で
リボンを作り、貼る

カラーポリ袋
丸シール

〈お面共通〉

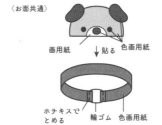

画用紙
↓貼る
色画用紙
ホチキスで
とめる
輪ゴム
色画用紙

〈帽子共通〉

スズランテープの
ポンポン
カラー帽子

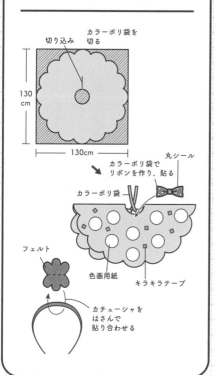

フェルト
色画用紙
キラキラテープ
カチューシャを
はさんで
貼り合わせる

ウサギとカメの運動会

● カラー衣装写真 P8
● 脚本 P62-69

チャップン 野菜のお風呂

● カラー衣装写真 P9
● 脚本 P70-83

カメ

後ろ

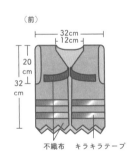

材料

不織布、キラキラテープ、
色画用紙

（前）

32cm
12cm
20cm
32cm

不織布　キラキラテープ

（後）

色画用紙
キラキラテープ

ウサギ

型紙 P206

材料

不織布、不織布シール、
色画用紙、輪ゴム

46cm
20cm
26cm
55cm

不織布　不織布シール

〈お面〉

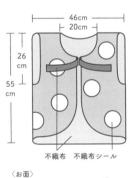

貼る

ホチキスで
とめる
輪ゴム
色画用紙

ナレーター

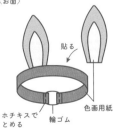

材料

カラーポリ袋、キラキラテープ、
丸シール

切り込み
カラーポリ袋を
切る

130cm

130cm

カラーポリ袋で
リボンを作り、貼る
丸シール

カラーポリ袋（白）
を上から貼る

キラキラテープ

にんじん・だいこん・ごぼう

材料

カラーポリ袋、クレープ紙、
ビニールテープ、平ゴム

〈共通〉

14cm
24cm

肩ひもを
結ぶ
カラーポリ袋

80cm

内側に折って貼り、
平ゴムを通す

65cm

〈帽子〉
カラーポリ袋を
二つ折りにして貼る

クレープ紙に
切り込みを
入れ、巻く

中に入れ
カラー
ポリ袋と
いっしょ
にしばる

折り返して
平ゴムを通す

裏返す

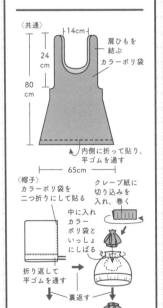

ビニール
テープ

〈ごぼう〉　〈にんじん・だいこん〉

191

まてまて にこにこパン

● カラー衣装写真 P10-11
● 脚本 P84-93

パン屋さん

材料

カラーポリ袋、画用紙、
キラキラテープ、丸シール、輪ゴム

〈帽子〉

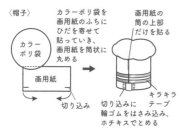

カラーポリ袋を
画用紙のふちに
ひだを寄せて
貼っていき、
画用紙を筒状に
丸める

画用紙の
筒の上部
だけを貼る

切り込み

切り込みに
輪ゴムをはさみ込み、
ホチキスでとめる

キラキラ
テープ

〈前〉

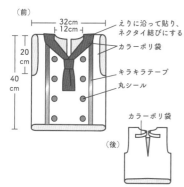

32cm
12cm
20cm
40cm

えりに沿って貼り、
ネクタイ結びにする

カラーポリ袋

キラキラテープ

丸シール

カラーポリ袋

〈後〉

にこにこパン

型紙
P206

材料

カラーポリ袋、色画用紙、
平ゴム、輪ゴム

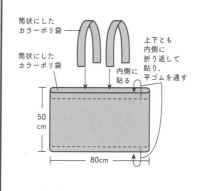

筒状にした
カラーポリ袋

筒状にした
カラーポリ袋

上下とも
折り返して
貼り、
平ゴムを通す

内側に
貼る

50cm

80cm

〈お面〉

色画用紙

↓ 貼る

ホチキスで
とめる

輪ゴム 色画用紙

ネズミ・アヒル・コブタ

型紙
P206

材料

不織布、色画用紙、
不織布シール、輪ゴム

〈ベスト共通〉

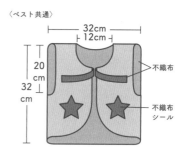

32cm
12cm
20cm
32cm

不織布

不織布
シール

〈お面共通〉

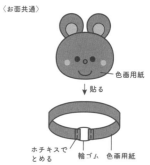

色画用紙

↓ 貼る

ホチキスで
とめる

輪ゴム 色画用紙

浦島太郎

● カラー衣装写真 P12-13
● 脚本 P94-101

浦島太郎

材料

カラーポリ袋、カラーテープ、平ゴム、
クレープ紙、厚紙、ビニールテープ、輪ゴム

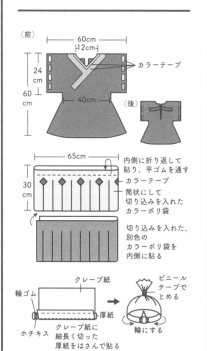

（前）

60cm
12cm
24cm
60cm
40cm
カラーテープ
（後）

65cm
30cm
内側に折り返して
貼り、平ゴムを通す
カラーテープ
筒状にして
切り込みを入れた
カラーポリ袋

切り込みを入れた、
別色の
カラーポリ袋を
内側に貼る

クレープ紙
輪ゴム
厚紙
ホチキス
クレープ紙に
細長く切った
厚紙をはさんで貼る

ビニール
テープで
とめる

輪にする

玉手箱

材料

カラーポリ袋、空き箱（ふた付き）、
プチプチシート、キラキラテープ、綿ロープ

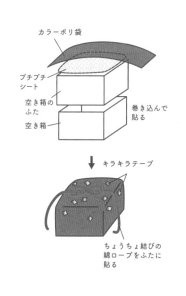

カラーポリ袋
プチプチ
シート
空き箱の
ふた
空き箱
巻き込んで
貼る

↓

キラキラテープ

ちょうちょ結びの
綿ロープをふたに
貼る

おと姫

材料

カラーポリ袋、カラーテープ、
キラキラテープ、クレープ紙、厚紙、
ビニールテープ、輪ゴム、チュール

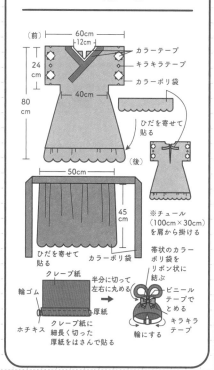

（前）

60cm
12cm
24cm
80cm
40cm
カラーテープ
キラキラテープ
カラーポリ袋

ひだを寄せて
貼る

（後）

50cm
45cm
ひだを寄せて
貼る
カラーポリ袋

クレープ紙
輪ゴム
厚紙
ホチキス
クレープ紙に
細長く切った
厚紙をはさんで貼る
半分に切って
左右に丸める

※チュール
（100cm×30cm）
を肩から掛ける

帯状のカラー
ポリ袋を
リボン状に
結ぶ
ビニール
テープで
とめる
キラキラ
テープ
輪にする

浦島太郎

●カラー衣装写真 P12-13
●脚本 P94-101

おだんご ころころ

●カラー衣装写真 P14-15
●脚本 P102-113

カメ

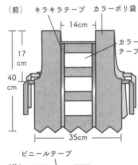

型紙 P206

材料

カラーポリ袋、カラーテープ、
キラキラテープ、ビニールテープ、
色画用紙、プチプチシート、輪ゴム

（前）　キラキラテープ　カラーポリ袋

14cm
17cm
40cm
カラーテープ
35cm

ビニールテープ

（後）

八角形に切った
プチプチシートを
カラーポリ袋でくるむ
貼る

（お面）
色画用紙

貼る
色画用紙

ホチキスでとめる　輪ゴム

魚

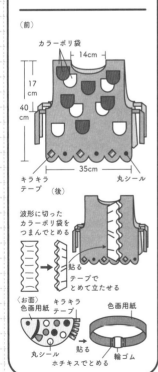

型紙 P206

材料

カラーポリ袋、キラキラテープ、
丸シール、色画用紙、輪ゴム

（前）

カラーポリ袋
14cm
17cm
40cm
35cm

キラキラ　丸シール
テープ　（後）

波形に切った
カラーポリ袋を
つまんでとめる

貼る
テープで
とめて立たせる

（お面）
色画用紙　キラキラ
テープ
色画用紙

丸シール　貼る
ホチキスでとめる　輪ゴム

和尚

材料

カラーポリ袋、プチプチシート、
カラー工作用紙、キラキラテープ

（前）
60cm
12cm
24cm
80cm
40cm

（後）　カラーポリ袋

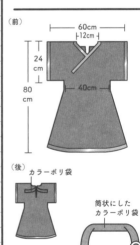

筒状にした
カラーポリ袋

プチプチシートを
カラーポリ袋で
包む

カラー
工作用紙

キラキラテープ

小僧

材料

カラーポリ袋、
カラーテープ

（前）
35cm
12cm
22cm
38cm
カラーテープ
カラーポリ袋
内側に貼る

32cm

ひだを寄せた
カラーポリ袋

（後）

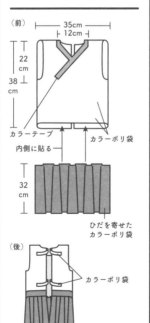

カラーポリ袋

おだんご ころころ

- カラー衣装写真 P14-15
- 脚本 P102-113

ジャックとふしぎな豆の木

- カラー衣装写真 P16-17
- 脚本 P114-125

庄屋

材料

カラーポリ袋、不織布、
カラーテープ、平ゴム

〈前〉

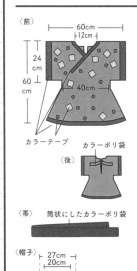

60cm
12cm
24cm
60cm
40cm

カラーテープ　カラーポリ袋

〈後〉　カラーポリ袋

〈帯〉　筒状にしたカラーポリ袋

〈帽子〉
27cm
20cm
35cm
不織布を
袋状に縫う
袋の口を
2回折り上げる
内側にホチキスで
平ゴムをとめる

村人

材料

カラーポリ袋、
カラーテープ、ビニールテープ

〈前〉

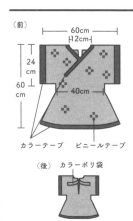

60cm
12cm
24cm
60cm
40cm

カラーテープ　ビニールテープ

〈後〉　カラーポリ袋

〈帯〉　筒状にしたカラーポリ袋

ジャック

材料

不織布、色画用紙、
ビニールテープ、平ゴム

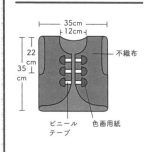

35cm
12cm
22cm
35cm
不織布

ビニール
テープ　色画用紙

〈帽子〉
27cm
20cm
27cm
不織布を
袋状に縫う
袋の口を
2回折り上げる
内側にホチキスで
平ゴムをとめる

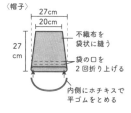

豆の木

材料

カラーポリ袋、色画用紙、
クレープ紙、厚紙、
プチプチシート、平ゴム、輪ゴム

肩ひもを
結ぶ
カラーポリ袋
色画用紙

24cm
14cm
80cm
65cm
内側に折って貼り、
平ゴムを通す

〈帽子〉
クレープ紙
輪ゴム
ホチキス
厚紙
クレープ紙に
細長く切った
厚紙をはさんで貼る

貼る
色画用紙
先をねじって
とめる
輪にする

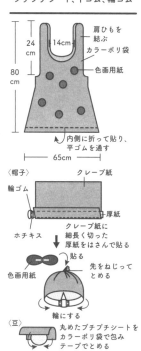

〈豆〉
丸めたプチプチシートを
カラーポリ袋で包み
テープでとめる

ジャックとふしぎな豆の木

● カラー衣装写真 P16-17
● 脚本 P114-125

お母さん

型紙
P207

材料

不織布、色画用紙、平ゴム

35cm
12cm
22cm
35cm
不織布
色画用紙

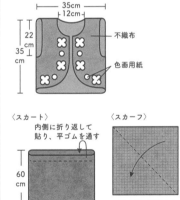

〈スカート〉
内側に折り返して
貼り、平ゴムを通す
60cm
65cm

〈スカーフ〉
正方形の不織布を
2つに折る

〈エプロン〉
貼る
40cm
不織布
色画用紙
40cm

大男

材料

カラーポリ袋、色画用紙、厚紙、
ビニールテープ、カラーテープ、
スズランテープ、平ゴム、ペーパー芯

〈前〉
35cm
12cm
22cm
50cm
貼る
カラーポリ袋
テープで
等間隔に
とめる
カラーポリ袋
カラーポリ袋 ビニールテープ

〈後〉
カラーポリ袋

〈ズボン〉
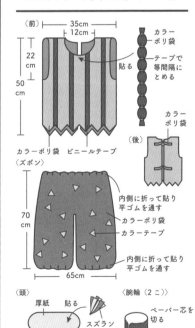
70cm
65cm
内側に折って貼り
平ゴムを通す
カラーポリ袋
カラーテープ
内側に折って貼り
平ゴムを通す

〈頭〉
厚紙
貼る
スズランテープ
（たくさん作る）
平ゴム

〈腕輪（2こ）〉
ペーパー芯を
切る
色画用紙

ニワトリ

型紙
P207

材料

カラーポリ袋、色画用紙、カラー工作用紙、
平ゴム、輪ゴム

〈前〉
60cm
12cm
24cm
40cm
60cm
切りとる
貼る
カラーポリ袋
色画用紙
ポケット状に貼る
入れる
カラー
工作用紙

〈後〉
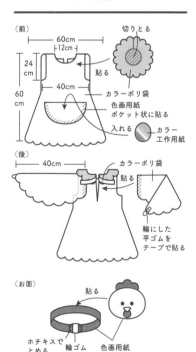
40cm
カラーポリ袋
貼る
輪にした
平ゴムを
テープで貼る

〈お面〉
貼る
ホチキスで
とめる
輪ゴム
色画用紙

ネズミのよめいり

● カラー衣装写真 P18-20
● 脚本 P126-137

ナレーター

型紙 P207

お母さん・お父さん・チュー子・チュー太

┃ 材料 ┃

カラーポリ袋、カラーテープ

┃ 材料 ┃

カラーポリ袋、カラーテープ、キラキラテープ、ビニールテープ、
色画用紙、厚紙、丸シール、輪ゴム

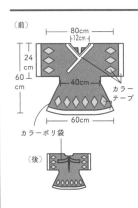

（前）

80cm
12cm
24cm
60cm
40cm
60cm

カラーテープ

カラーポリ袋

（後）

〈帯〉 筒状にしたカラーポリ袋

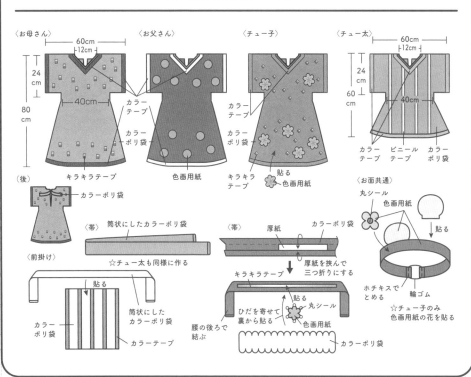

〈お母さん〉
60cm
12cm
24cm
80cm
40cm

カラーテープ
カラーポリ袋
キラキラテープ

〈お父さん〉
カラーテープ
色画用紙

〈チュー子〉
カラーテープ
カラーポリ袋
キラキラテープ
貼る
色画用紙

〈チュー太〉
60cm
12cm
24cm
60cm
40cm
カラーテープ　ビニールテープ　カラーポリ袋

（後）
カラーポリ袋

〈帯〉 筒状にしたカラーポリ袋
☆チュー太も同様に作る

〈前掛け〉
貼る
筒状にしたカラーポリ袋
カラーポリ袋
カラーテープ

〈帯〉
厚紙
カラーポリ袋
厚紙を挟んで三つ折りにする
キラキラテープ
ひだを寄せて裏から貼る
貼る
丸シール
色画用紙
腰の後ろで結ぶ
カラーポリ袋

〈お面共通〉
丸シール
色画用紙
貼る
ホチキスでとめる
輪ゴム
☆チュー子のみ色画用紙の花を貼る

ネズミのよめいり

● カラー衣装写真 P18-20
● 脚本 P126-137

おひさま

材料

カラーポリ袋、カラーテープ、
キラキラテープ、色画用紙、輪ゴム

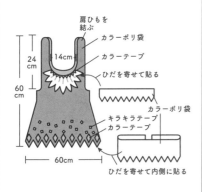

肩ひもを結ぶ
カラーポリ袋
カラーテープ
ひだを寄せて貼る
24cm
14cm
60cm
キラキラテープ
カラーテープ
カラーポリ袋
60cm
ひだを寄せて内側に貼る

〈冠〉
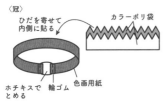
ひだを寄せて内側に貼る
カラーポリ袋
ホチキスでとめる　輪ゴム　色画用紙

雲

材料

カラーポリ袋、お花紙、
カラーテープ、輪ゴム

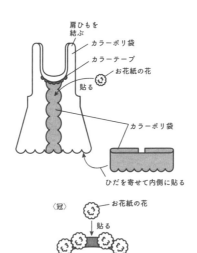

肩ひもを結ぶ
カラーポリ袋
カラーテープ
お花紙の花
貼る
カラーポリ袋
ひだを寄せて内側に貼る

〈冠〉
お花紙の花
貼る
ホチキスでとめる　輪ゴム　色画用紙

風

材料

カラーポリ袋、キラキラテープ、
カラーテープ、スズランテープ、
色画用紙、丸ゴム、輪ゴム

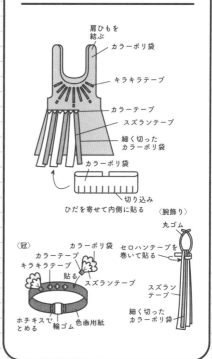

肩ひもを結ぶ
カラーポリ袋
キラキラテープ
カラーテープ
スズランテープ
細く切ったカラーポリ袋
カラーポリ袋
切り込み
ひだを寄せて内側に貼る

〈冠〉
カラーポリ袋
カラーテープ
キラキラテープ
貼る
スズランテープ
ホチキスでとめる　輪ゴム　色画用紙

〈腕飾り〉
丸ゴム
セロハンテープを巻いて貼る
スズランテープ
細く切ったカラーポリ袋

アリとキリギリス

● カラー衣装写真 P21-23
● 脚本 P138-149

キリギリス

後ろ

材料

カラーポリ袋、カラーテープ、
キラキラテープ、色画用紙、モール、輪ゴム

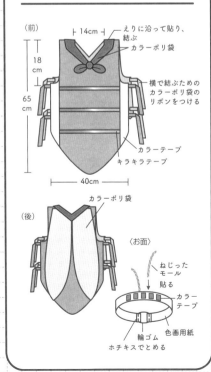

（前）
├─ 14cm ─┤
えりに沿って貼り、結ぶ
カラーポリ袋
18cm
横で結ぶための
カラーポリ袋の
リボンをつける
65cm
カラーテープ
キラキラテープ
├─ 40cm ─┤

（後）
カラーポリ袋

〈お面〉
ねじった
モール
貼る
カラーテープ
輪ゴム　色画用紙
ホチキスでとめる

アリ

材料

カラーポリ袋、カラーテープ、
キラキラテープ、ビニールテープ、
平ゴム、色画用紙、モール、輪ゴム

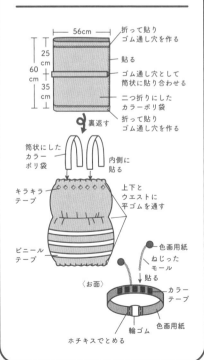

├─ 56cm ─┤
折って貼り
ゴム通し穴を作る
25cm
貼る
60cm
ゴム通し穴として
筒状に貼り合わせる
35cm
二つ折りにした
カラーポリ袋
折って貼り
ゴム通し穴を作る

↻ 裏返す

筒状にした
カラー
ポリ袋
内側に
貼る
キラキラ
テープ
上下と
ウエストに
平ゴムを通す
ビニール
テープ

〈お面〉
色画用紙
ねじった
モール
貼る
カラーテープ
輪ゴム　色画用紙
ホチキスでとめる

ハチ

材料

カラーポリ袋、カラーテープ、
平ゴム、発泡シート、
色画用紙、アルミホイル、モール、輪ゴム

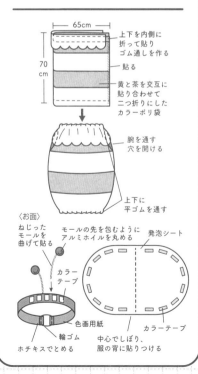

├─ 65cm ─┤
上下を内側に
折って貼り
ゴム通しを作る
70cm
貼る
黄と茶を交互に
貼り合わせて
二つ折りにした
カラーポリ袋

腕を通す
穴を開ける
上下に
平ゴムを通す

〈お面〉
ねじった
モールを
曲げて貼る
モールの先を包むように
アルミホイルを丸める
発泡シート
カラー
テープ
色画用紙
カラーテープ
輪ゴム
中心でしぼり、
服の背に貼りつける
ホチキスでとめる

● カラー衣装写真 P21-23
● 脚本 P138-149

チョウ

材料

カラーポリ袋、カラーテープ、キラキラテープ、
色画用紙、モール、平ゴム、発泡シート、輪ゴム

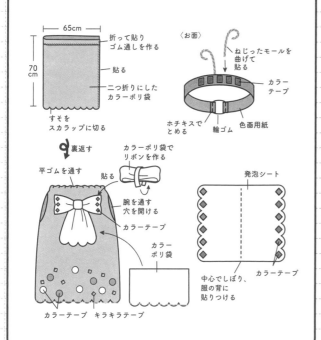

ナレーター

材料

カラーポリ袋、キラキラテープ、カラーテープ

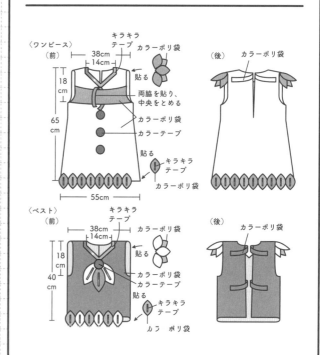

ヘンゼルとグレーテルとなぞなぞ魔法使い

● カラー衣装写真 P24-25
● 脚本 P150-161

ヘンゼル・グレーテル

材料

カラーポリ袋、色画用紙、
お花紙、キラキラテープ、
ビニールテープ、丸シール、平ゴム

〈ベスト共通〉

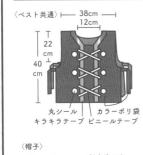

38cm
12cm
22cm
40cm

丸シール　　カラーポリ袋
キラキラテープ　ビニールテープ

〈帽子〉

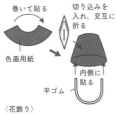

巻いて貼る　　切り込みを
入れ、交互に
折る

色画用紙

内側に
貼る

平ゴム

〈花飾り〉

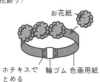

お花紙

ホチキスで　輪ゴム　色画用紙
とめる

魔法使い

材料

カラーポリ袋、色画用紙、
キラキラテープ、カラーテープ、
スズランテープ、平ゴム

〈前〉

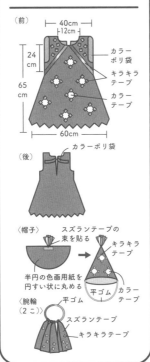

40cm
12cm
24cm
65cm
60cm

カラーポリ袋
キラキラテープ
カラーテープ

〈後〉

カラーポリ袋

〈帽子〉

スズランテープの
束を貼る

キラキラテープ

半円の色画用紙を
円すい状に丸める

平ゴム　カラーテープ

〈腕輪（2こ）〉

平ゴム

スズランテープ

キラキラテープ

お菓子

型紙 P207

材料

カラーポリ袋、色画用紙、
平ゴム、輪ゴム

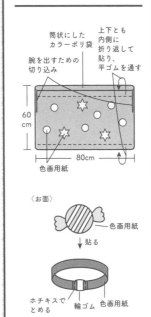

筒状にした
カラーポリ袋

上下とも
内側に
折り返して
貼り、
平ゴムを通す

腕を出すための
切り込み

60cm
80cm

色画用紙

〈お面〉

色画用紙

貼る

ホチキスで
とめる

輪ゴム　色画用紙

子ども

材料

不織布、不織布シール

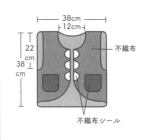

38cm
12cm
22cm
38cm

不織布

不織布シール

アリババと宝の山

- カラー衣装写真 P26-28
- 脚本 P162-175

アリババ

材料

カラーポリ袋、カラーテープ、キラキラテープ、
平ゴム、丸シール、キラキラ折り紙、
プチプチシート、色画用紙、厚紙、輪ゴム

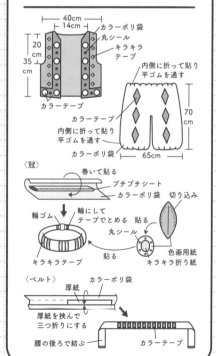

- 40cm
- 14cm
- カラーポリ袋
- 丸シール
- キラキラテープ
- 20cm
- 35cm
- 内側に折って貼り平ゴムを通す
- カラーテープ
- カラーテープ
- 内側に折って貼り平ゴムを通す
- カラーポリ袋
- 70cm
- 65cm

〈冠〉
- 巻いて貼る
- プチプチシート
- カラーポリ袋 切り込み
- 輪ゴムにしてテープでとめる 貼る
- 丸シール
- キラキラテープ
- 貼る
- 色画用紙
- キラキラ折り紙

〈ベルト〉
- 厚紙
- カラーポリ袋
- 厚紙を挟んで三つ折りにする
- 腰の後ろで結ぶ
- カラーテープ

ナレーター

型紙 P207

材料

カラーポリ袋、キラキラテープ、丸シール、
平ゴム、色画用紙、カラー工作用紙、
キラキラ折り紙、輪ゴム

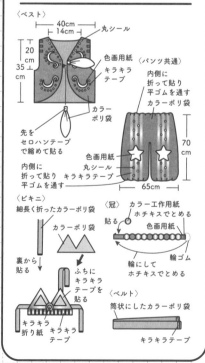

〈ベスト〉
- 40cm
- 14cm
- 丸シール
- 20cm
- 35cm
- 色画用紙
- キラキラテープ
- カラーポリ袋
- 先をセロハンテープで縮めて貼る
- 内側に折って貼り平ゴムを通す

〈ビキニ〉
- 細長く折ったカラーポリ袋
- カラーポリ袋
- 裏から貼る
- ふちにキラキラテープを貼る
- キラキラ折り紙
- キラキラテープ

〈パンツ共通〉
- 内側に折って貼り平ゴムを通す
- カラーポリ袋
- 70cm
- 色画用紙
- 丸シール
- キラキラテープ
- 内側に折って貼り平ゴムを通す
- 65cm

〈冠〉
- カラー工作用紙
- ホチキスでとめる
- 色画用紙
- 貼る
- 輪ゴム
- 輪にしてホチキスでとめる

〈ベルト〉
- 筒状にしたカラーポリ袋
- キラキラテープ

村人

材料

カラーポリ袋、キラキラテープ、
カラーテープ、平ゴム、プチプチシート、
色画用紙、キラキラ折り紙、輪ゴム

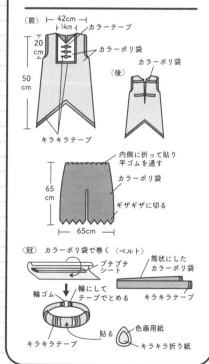

〈前〉
- 42cm
- 14cm
- カラーテープ
- 20cm
- カラーポリ袋
- カラーポリ袋
- 50cm
- 〈後〉
- キラキラテープ

- 内側に折って貼り平ゴムを通す
- カラーポリ袋
- 65cm
- ギザギザに切る
- 65cm

〈冠〉 カラーポリ袋で巻く
- プチプチシート
- 輪ゴム
- 輪にしてテープでとめる
- キラキラテープ
- 貼る
- 色画用紙
- キラキラ折り紙

〈ベルト〉
- 筒状にしたカラーポリ袋
- キラキラテープ

アリババと宝の山

● カラー衣装写真 P26-28
● 脚本 P162-175

村娘

材料

カラーポリ袋、キラキラテープ、チュール、
カラー工作用紙、平ゴム、輪ゴム

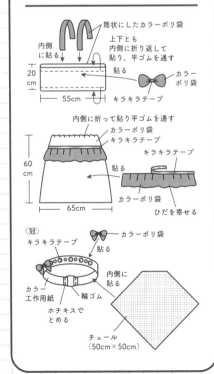

筒状にしたカラーポリ袋

上下とも内側に折り返して貼り、平ゴムを通す

内側に貼る

貼る

カラーポリ袋

キラキラテープ

20cm

55cm

内側に折って貼り平ゴムを通す

カラーポリ袋
キラキラテープ

キラキラテープ

60cm

貼る

カラーポリ袋

ひだを寄せる

65cm

〈冠〉
キラキラテープ

カラーポリ袋
貼る

カラー工作用紙

輪ゴム

内側に貼る

ホチキスでとめる

チュール（50cm×50cm）

魔人

材料

カラーポリ袋、カラーテープ、キラキラテープ、
プチプチシート、色画用紙、キラキラ折り紙、平ゴム

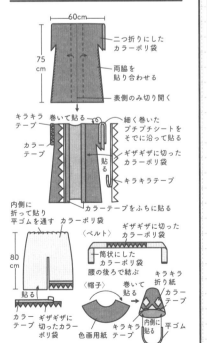

60cm

75cm

二つ折りにしたカラーポリ袋

両脇を貼り合わせる

表側のみ切り開く

キラキラテープ

カラーテープ

巻いて貼る

細く巻いたプチプチシートをそでに沿って貼る

ギザギザに切ったカラーポリ袋

キラキラテープ

貼る

カラーテープをふちに貼る

内側に折って貼り平ゴムを通す

カラーポリ袋

80cm

貼る

〈ベルト〉
筒状にしたカラーポリ袋
腰の後ろで結ぶ

ギザギザに切ったカラーポリ袋

〈帽子〉
巻いて貼る

キラキラ折り紙

カラーテープ

カラーテープ
ギザギザに切ったカラーポリ袋

色画用紙

キラキラテープ

内側に貼る

平ゴム

オウム

型紙 P207

材料

カラーポリ袋、カラーテープ、
キラキラテープ、色画用紙、厚紙

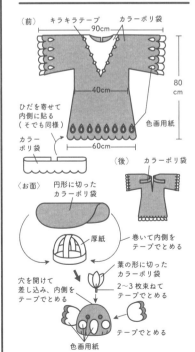

（前）
キラキラテープ　　カラーポリ袋

90cm

40cm

80cm

ひだを寄せて内側に貼る（そでも同様）

色画用紙

カラーポリ袋

60cm

（後）　カラーポリ袋

〈お面〉
円形に切ったカラーポリ袋

厚紙

巻いて内側をテープでとめる

葉の形に切ったカラーポリ袋

穴を開けて差し込み、内側をテープでとめる

2〜3枚束ねてテープでとめる

テープでとめる

色画用紙

ありがとう！　かさ地蔵さま

● カラー衣装写真 P29-30
● 脚本 P176-187

おじいさん・おばあさん

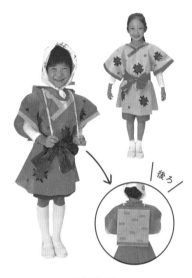

材料

不織布、カラーテープ、ビニールテープ、
不織布シール、スズランテープ、
カラーポリ袋、丸ゴム、紙袋

〈着物共通〉
（前）

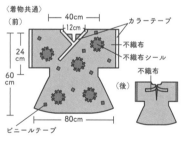

40cm
12cm
カラーテープ
不織布
不織布シール
24cm
60cm
不織布
（後）
80cm
ビニールテープ

〈帯〉　筒状にしたカラーポリ袋

〈てぬぐい〉
不織布（白）に
ペンで模様を描く
三つ折りに
する
丸ゴムで
しばる

〈かご〉
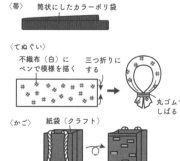
紙袋（クラフト）
三つ編みにした
スズランテープ
カラーテープ

お地蔵さま

材料

カラーポリ袋、カラー工作用紙、
キラキラテープ、丸シール、カラーテープ、
スズランテープ、平ゴム

〈前〉

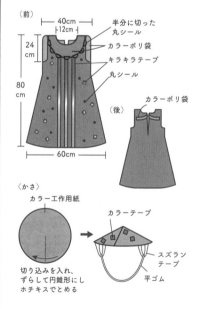

40cm
12cm
半分に切った
丸シール
カラーポリ袋
24cm
キラキラテープ
丸シール
80cm
（後）
カラーポリ袋
60cm

〈かさ〉
カラー工作用紙
カラーテープ
切り込みを入れ、
ずらして円錐形にし
ホチキスでとめる
スズラン
テープ
平ゴム

ウサギ・キツネ

型紙
P207

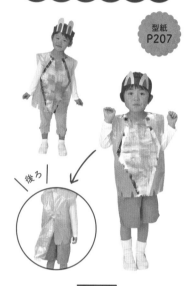

材料

カラーポリ袋、色画用紙、
プチプチシート、キラキラテープ、
スズランテープ、平ゴム、輪ゴム

〈ベスト共通〉
（前）

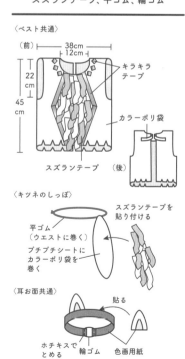

38cm
12cm
キラキラ
テープ
22cm
45cm
カラーポリ袋
スズランテープ
（後）

〈キツネのしっぽ〉
平ゴム
（ウエストに巻く）
スズランテープを
貼り付ける
プチプチシートに
カラーポリ袋を
巻く

〈耳お面共通〉
貼る
ホチキスで
とめる
輪ゴム
色画用紙

コピー用型紙

衣装や小道具の型紙です。250％に拡大コピーをすると掲載サイズになります。

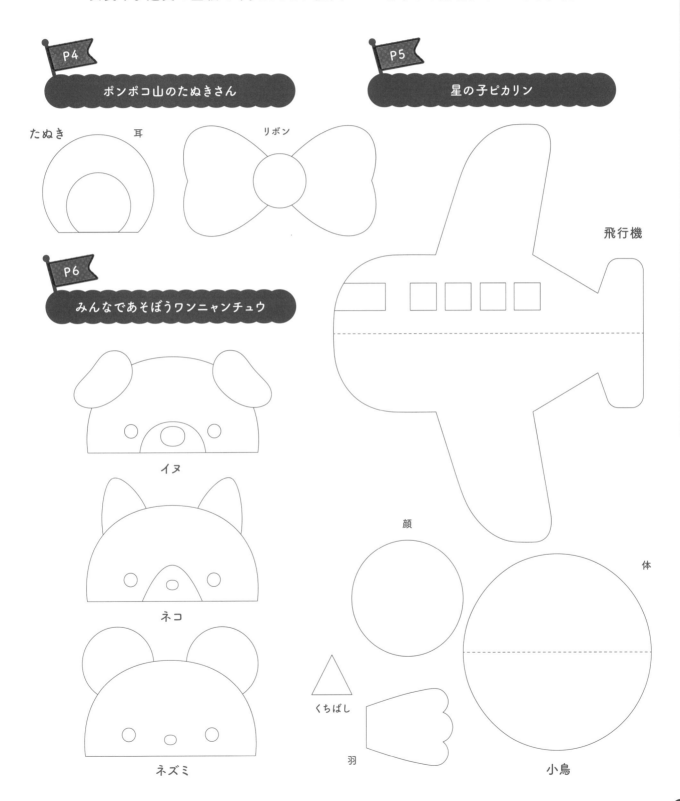

P4

ポンポコ山のたぬきさん

たぬき　耳　リボン

P6

みんなであそぼうワンニャンチュウ

イヌ

ネコ

ネズミ

P5

星の子ピカリン

飛行機

顔

体

くちばし

羽

小鳥

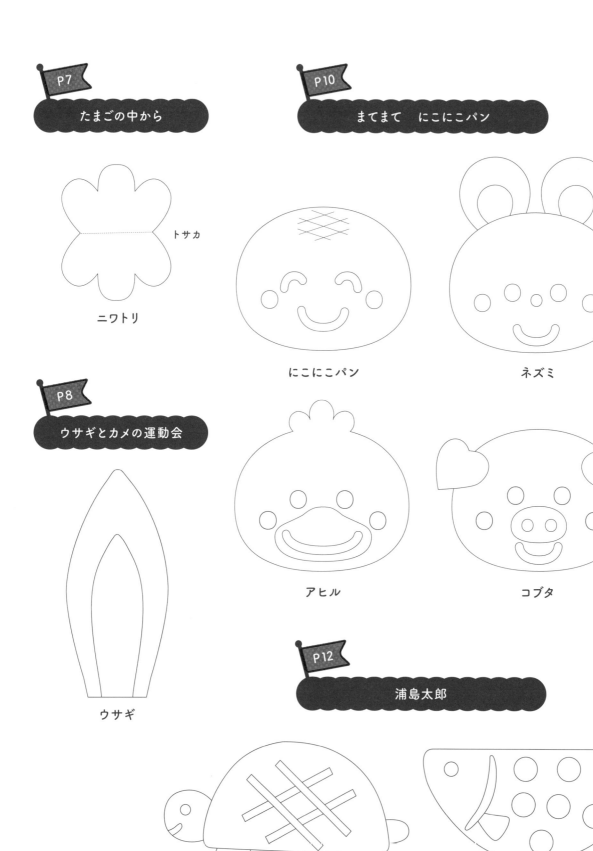

P7 たまごの中から

トサカ

ニワトリ

P10 まてまて　にこにこパン

にこにこパン

ネズミ

P8 ウサギとカメの運動会

ウサギ

アヒル

コブタ

P12 浦島太郎

カメ

魚

P16 ジャックとふしぎな豆の木

お母さん

ニワトリ

P18 ネズミのよめいり

チュー子

P24 ヘンゼルとグレーテルとなぞなぞ魔法使い

お菓子

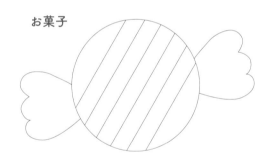

P26 アリババと宝の山

ナレーター

ベストの模様

オウム

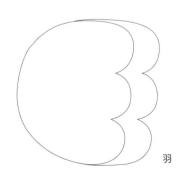

くちばし

羽

P29 ありがとう！ かさ地蔵さま

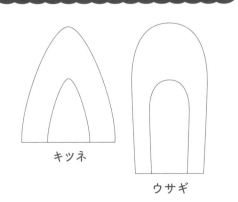

キツネ

ウサギ

【著者】 浅野ななみ

お茶の水女子大学卒業。東京都の公立幼稚園教諭、聖心女子大学講師を経て、現在乳幼児教育研究所講師。子どもの歌、あそび、お話の創作、表現活動の指導のほか、幼児教育教材、おもちゃの監修にあたる。主な作品はCD『浅野ななみのちっちゃなあそびうた①②』（乳幼児教育研究所）、『CD付き 0〜5歳児 発表会で盛り上がる昔話の劇あそび』（ナツメ社）ほか多数。

【音楽監修】 阿部直美

瀬戸市はちまん幼稚園園長、聖心女子大学講師を経て、乳幼児教育研究所所長。手あそび歌などの作詞・作曲、幼児向けDVDやCDの企画・制作などを手がけている。「さくらともこ」のペンネームで絵本作家としても活動。主な作品は『保育で役立つ！ 0〜5歳児の手あそび・うたあそび』（ナツメ社）、CD『阿部直美のベストヒット手あそび歌あそび』全5巻（日本コロムビア）ほか多数。

【衣装・小道具担当】 Marble Planning（マーブルプランニング）

つかさみほ・みさきゆい・くるみれなの3名による姉妹ユニット。イラストやデザイン、紙や布などのさまざまな素材を生かしたプラン考案・制作などを行う。主な作品『すぐに作れる！ かんたん！ かわいい!! 発表会のコスチューム124』（ナツメ社）、『季節の花おりがみ』（日本文芸社）ほか多数。

【スタッフ紹介】

カバー・本文デザイン…………佐藤春菜
カバーイラスト…………………マーブルプランニング
本文イラスト……………………秋野純子、とみたみはる、中小路ムツヨ、マーブルプランニング
撮影………………………………山路歩夢
DTP………………………………ゼスト
モデル……………………………株式会社クラージュキッズ（有坂文那、國府田望翔、後藤 俚、
　　　　　　　　　　　　　　　佐々木遼篤、新後閑 崚、田中寛人、直井碧心、根岸令奈、
　　　　　　　　　　　　　　　本田凱士、水谷瑚々、三村優結、吉澤美湖、吉田空輝）
ヘアメイク………………………金田仁見
演奏・アレンジ…………………滝野川レコード
楽譜浄書…………………………滝野川レコード
録音………………………………三住和彦
歌唱………………………………植元直美、内田順子、金子みどり、川野剛稔、中右貴久
編集協力…………………………株式会社スリーシーズン
編集担当…………………………ナツメ出版企画株式会社（横山美穂）

CD付き 0〜5歳児の劇あそびおまかせブック

2023年3月7日　初版発行

著　者　浅野ななみ　　　　　　　　　　　　　©Asano Nanami, 2023
発行者　田村正隆
発行所　株式会社ナツメ社
　　　　東京都千代田区神田神保町1-52　ナツメ社ビル1F（〒101-0051）
　　　　電話　03-3291-1257（代表）　FAX 03-3291-5761
　　　　振替　00130-1-58661
制　作　ナツメ出版企画株式会社
　　　　東京都千代田区神田神保町1-52　ナツメ社ビル3F（〒101-0051）
　　　　電話　03-3295-3921（代表）
印刷所　大日本印刷株式会社

ISBN978-4-8163-7340-4　　　　　　　　　　　　　Printed in Japan

本書に関するお問い合わせは、書名・発行日・該当ページを明記の上、下記のいずれかの方法にてお送りください。電話でのお問い合わせはお受けしておりません。
・ナツメ社webサイトの問い合わせフォーム
　https://www.natsume.co.jp/contact
・FAX（03-3291-1305）
・郵送（左記、ナツメ出版企画株式会社宛て）
なお、回答までに日にちをいただく場合があります。正誤のお問い合わせ以外の書籍内容に関する解説・個別の相談は行っておりません。あらかじめご了承ください。